I0092993

ADDITION & SUBTRACTION WORKBOOK

FOR DOUBLE, TRIPLE, & MULTI-DIGIT

AGES 6+

DAY 16
Double Digit Addition

DAY 68
Double Digit Subtraction

Time :

Score /24

PRACTICE 100 DAYS OF MATH DRILLS

with

RONNY the FRENCHIE

© Ronny the Frenchie. Copyright 2023 - All rights reserved.
The content contained within this book may not be reproduced, duplicated or transmitted without direct written permission from the author or the publisher.

Under no circumstances will any blame or legal responsibility be held against the publisher, or author, for any damages, reparation, or monetary loss due to the information contained within this book, either directly or indirectly.

Legal Notice:
This book is copyright protected. It is only for personal use. You cannot amend, distribute, sell, use, quote or paraphrase any part, or the content within this book, without the consent of the author or publisher.

Disclaimer Notice:
Please note the information contained within this document is for educational and entertainment purposes only. All effort has been executed to present accurate, up to date, reliable, complete information. No warranties of any kind are declared or implied. Readers acknowledge that the author is not engaged in the rendering of legal, financial, medical or professional advice. The content within this book has been derived from various sources. Please consult a licensed professional before attempting any techniques outlined in this book.

By reading this document, the reader agrees that under no circumstances is the author responsible for any losses, direct or indirect, that are incurred as a result of the use of the information contained within this document, including, but not limited to, errors, omissions, or inaccuracies.

TABLE OF CONTENTS

ADDITION

SUBTRACTION

MIXED QUESTIONS

Answer Keys Included at the Back

INTRODUCTION

Hi kids!

Ronny the Frenchie reporting for duty! We're going on a mathematical and factual, super awesome adventure in this book, this time with addition and subtraction! If this is the first time you're reading one of my books, then here is a little bit about me: I was a normal French Bulldog until I got struck by lightning on top of the Eiffel Tower, and now I'm a fact-sniffing, banana-loving, detective dog.

This book is all about addition and subtraction. These are 2 of the easier ways to do math, and I think with my interesting and amazing facts along the way, you'll be an addition and subtraction pro by the end of this book! Addition is the process of putting together multiple numbers to find the total.

Want to hear a joke? I was wondering what the word addition meant, but then I put 2 and 2 together and figured it out! I know, it's a bit corny, but I thought that one up when I first heard about addition and I'll never forget it.

Subtraction is the opposite of addition. It's the process of taking away one or more numbers from another. Here's a joke I made up about this one. I baked a really fancy and difficult loaf of banana bread for 8 of my friends, and I cut it into 8 pieces. By the time my friends had all had a piece, there was none left. I realized that with me there as well there were 9 of us and I thought, "This really takes the cake!"

Throughout this book, I'll be dealing out facts like cards at an Uno table (and keep your eyes peeled for the playing card fact!) that are related to addition, subtraction, and math. I think we'll have a great time learning about addition and subtraction together.

LET'S GET STARTED!

DAY 1
Double Digit Addition

1)
```
   8 7
+  1 1
-------
```

2)
```
   7 9
+  6 6
-------
```

3)
```
   1 3
+  2 7
-------
```

4)
```
   3 5
+  6 5
-------
```

5)
```
   9 9
+  5 4
-------
```

6)
```
   8 2
+  3 1
-------
```

7)
```
   1 7
+  3 9
-------
```

8)
```
   3 1
+  1 1
-------
```

9)
```
   3 4
+  9 7
-------
```

10)
```
   8 5
+  2 8
-------
```

11)
```
   7 7
+  4 2
-------
```

12)
```
   5 0
+  8 6
-------
```

13)
```
   2 7
+  9 2
-------
```

14)
```
   8 5
+  7 8
-------
```

15)
```
   1 7
+  7 7
-------
```

16)
```
   9 9
+  4 9
-------
```

17)
```
   2 9
+  2 3
-------
```

18)
```
   1 7
+  6 2
-------
```

19)
```
   2 4
+  7 4
-------
```

20)
```
   6 0
+  2 8
-------
```

21)
```
   1 7
+  9 2
-------
```

22)
```
   4 4
+  2 3
-------
```

23)
```
   1 6
+  4 5
-------
```

24)
```
   4 1
+  2 4
-------
```

DAY 2

Double Digit Addition

1)
```
    1   6
+   1   6
```

2)
```
    8   6
+   1   6
```

3)
```
    8   6
+   7   5
```

4)
```
    4   6
+   6   8
```

5)
```
    8   0
+   8   0
```

6)
```
    3   8
+   8   2
```

7)
```
    2   0
+   6   5
```

8)
```
    7   2
+   6   7
```

9)
```
    5   0
+   3   9
```

10)
```
    3   3
+   3   7
```

11)
```
    1   3
+   9   2
```

12)
```
    9   6
+   8   3
```

13)
```
    6   8
+   1   5
```

14)
```
    6   6
+   5   8
```

15)
```
    1   6
+   3   2
```

16)
```
    9   8
+   6   6
```

17)
```
    1   5
+   4   0
```

18)
```
    6   8
+   7   0
```

19)
```
    5   5
+   9   4
```

20)
```
    3   8
+   2   1
```

21)
```
    2   8
+   3   7
```

22)
```
    7   4
+   2   8
```

23)
```
    6   8
+   1   9
```

24)
```
    8   6
+   4   3
```

DAY 3

Double Digit Addition

1)
```
    1  2
+   5  6
```

2)
```
    7  5
+   5  7
```

3)
```
    5  8
+   5  8
```

4)
```
    1  4
+   7  8
```

5)
```
    1  0
+   5  0
```

6)
```
    9  1
+   6  4
```

7)
```
    7  8
+   1  7
```

8)
```
    2  8
+   4  9
```

9)
```
    2  6
+   8  7
```

10)
```
    4  5
+   1  1
```

11)
```
    2  4
+   1  8
```

12)
```
    8  1
+   2  1
```

13)
```
    7  3
+   2  9
```

14)
```
    4  3
+   5  0
```

15)
```
    1  3
+   5  7
```

16)
```
    4  8
+   2  4
```

17)
```
    6  8
+   7  4
```

18)
```
    6  0
+   4  2
```

19)
```
    9  5
+   7  8
```

20)
```
    4  7
+   7  6
```

21)
```
    2  7
+   6  2
```

22)
```
    8  7
+   3  7
```

23)
```
    6  7
+   1  6
```

24)
```
    7  4
+   7  3
```

DAY 4

Double Digit Addition

1)
```
    9  8
+   1  3
_____
```

2)
```
    3  0
+   2  9
_____
```

3)
```
    1  6
+   3  0
_____
```

4)
```
    3  1
+   2  4
_____
```

5)
```
    6  7
+   4  2
_____
```

6)
```
    5  8
+   1  1
_____
```

7)
```
    1  3
+   1  6
_____
```

8)
```
    8  9
+   1  5
_____
```

9)
```
    6  7
+   6  2
_____
```

10)
```
    5  7
+   8  2
_____
```

11)
```
    9  9
+   6  9
_____
```

12)
```
    8  7
+   7  0
_____
```

13)
```
    8  2
+   8  5
_____
```

14)
```
    2  9
+   6  6
_____
```

15)
```
    9  5
+   6  3
_____
```

16)
```
    2  2
+   2  2
_____
```

17)
```
    9  2
+   2  8
_____
```

18)
```
    9  1
+   9  4
_____
```

19)
```
    1  3
+   1  0
_____
```

20)
```
    6  6
+   2  1
_____
```

21)
```
    2  7
+   8  5
_____
```

22)
```
    5  2
+   4  1
_____
```

23)
```
    6  8
+   4  6
_____
```

24)
```
    8  7
+   5  7
_____
```

DAY 5
Double Digit Addition

1)
```
   6 1
+  1 0
_____
```

2)
```
   7 6
+  9 1
_____
```

3)
```
   9 9
+  8 9
_____
```

4)
```
   2 0
+  9 1
_____
```

5)
```
   5 3
+  9 9
_____
```

6)
```
   7 8
+  1 1
_____
```

7)
```
   6 8
+  3 5
_____
```

8)
```
   7 3
+  6 8
_____
```

9)
```
   7 8
+  8 1
_____
```

10)
```
   9 5
+  8 3
_____
```

11)
```
   4 0
+  6 1
_____
```

12)
```
   1 9
+  2 5
_____
```

13)
```
   1 5
+  7 0
_____
```

14)
```
   2 2
+  9 8
_____
```

15)
```
   5 5
+  4 7
_____
```

16)
```
   5 3
+  9 7
_____
```

17)
```
   3 3
+  8 4
_____
```

18)
```
   6 2
+  3 9
_____
```

19)
```
   6 5
+  3 5
_____
```

20)
```
   1 0
+  2 6
_____
```

21)
```
   2 2
+  6 5
_____
```

22)
```
   4 1
+  6 6
_____
```

23)
```
   4 6
+  5 7
_____
```

24)
```
   3 8
+  7 0
_____
```

DAY 6

Double Digit Addition

1)
```
   2  4
+  8  0
```

2)
```
   2  1
+  1  9
```

3)
```
   7  1
+  1  8
```

4)
```
   8  0
+  5  9
```

5)
```
   2  9
+  2  2
```

6)
```
   6  0
+  2  5
```

7)
```
   7  9
+  8  0
```

8)
```
   4  9
+  5  1
```

9)
```
   5  7
+  1  4
```

10)
```
   3  7
+  6  4
```

11)
```
   7  4
+  8  8
```

12)
```
   8  3
+  5  6
```

13)
```
   3  4
+  1  2
```

14)
```
   3  7
+  3  2
```

15)
```
   5  2
+  2  6
```

16)
```
   9  3
+  2  5
```

17)
```
   9  3
+  5  8
```

18)
```
   4  4
+  1  9
```

19)
```
   2  9
+  9  6
```

20)
```
   7  6
+  6  2
```

21)
```
   4  0
+  8  3
```

22)
```
   7  1
+  1  8
```

23)
```
   8  8
+  6  9
```

24)
```
   8  9
+  2  5
```

DAY 7

Double Digit Addition

1)
```
    1 3
+   3 0
-------
```

2)
```
    1 6
+   4 1
-------
```

3)
```
    4 0
+   3 4
-------
```

4)
```
    5 2
+   8 5
-------
```

5)
```
    2 4
+   6 0
-------
```

6)
```
    1 3
+   9 8
-------
```

7)
```
    5 6
+   1 5
-------
```

8)
```
    4 6
+   9 1
-------
```

9)
```
    9 1
+   9 7
-------
```

10)
```
    2 4
+   8 8
-------
```

11)
```
    5 4
+   7 9
-------
```

12)
```
    5 1
+   9 8
-------
```

13)
```
    3 6
+   6 8
-------
```

14)
```
    3 4
+   9 6
-------
```

15)
```
    4 6
+   5 5
-------
```

16)
```
    8 0
+   5 5
-------
```

17)
```
    6 7
+   6 9
-------
```

18)
```
    6 5
+   9 5
-------
```

19)
```
    5 1
+   8 1
-------
```

20)
```
    1 7
+   2 6
-------
```

21)
```
    4 0
+   7 2
-------
```

22)
```
    4 1
+   6 1
-------
```

23)
```
    4 6
+   8 8
-------
```

24)
```
    3 1
+   5 1
-------
```

DAY 8

Double Digit Addition

Time :

Score /24

1)
```
   7 2
+  9 9
------
```

2)
```
   4 7
+  2 3
------
```

3)
```
   9 6
+  2 0
------
```

4)
```
   7 2
+  7 4
------
```

5)
```
   7 5
+  8 1
------
```

6)
```
   3 4
+  8 6
------
```

7)
```
   2 9
+  1 2
------
```

8)
```
   2 6
+  9 8
------
```

9)
```
   1 2
+  2 8
------
```

10)
```
   3 6
+  2 2
------
```

11)
```
   7 5
+  1 8
------
```

12)
```
   1 3
+  8 5
------
```

13)
```
   4 0
+  9 7
------
```

14)
```
   9 9
+  1 7
------
```

15)
```
   1 5
+  7 6
------
```

16)
```
   1 4
+  7 3
------
```

17)
```
   3 8
+  8 3
------
```

18)
```
   7 3
+  7 1
------
```

19)
```
   6 3
+  9 1
------
```

20)
```
   3 3
+  9 2
------
```

21)
```
   2 9
+  6 0
------
```

22)
```
   9 6
+  6 4
------
```

23)
```
   9 4
+  9 2
------
```

24)
```
   3 4
+  3 9
------
```

DAY 9

Double Digit Addition

1)
```
   1 6
+  6 1
------
```

2)
```
   6 8
+  5 2
------
```

3)
```
   8 6
+  2 7
------
```

4)
```
   1 9
+  2 7
------
```

5)
```
   3 4
+  6 4
------
```

6)
```
   5 2
+  8 0
------
```

7)
```
   8 9
+  4 5
------
```

8)
```
   8 5
+  4 7
------
```

9)
```
   9 4
+  2 6
------
```

10)
```
   5 9
+  2 0
------
```

11)
```
   6 1
+  1 4
------
```

12)
```
   6 0
+  4 5
------
```

13)
```
   8 2
+  1 3
------
```

14)
```
   4 1
+  3 8
------
```

15)
```
   5 3
+  6 5
------
```

16)
```
   6 2
+  9 6
------
```

17)
```
   8 1
+  2 1
------
```

18)
```
   5 4
+  4 0
------
```

19)
```
   7 3
+  7 8
------
```

20)
```
   3 0
+  3 2
------
```

21)
```
   8 5
+  2 1
------
```

22)
```
   8 9
+  7 4
------
```

23)
```
   5 5
+  8 0
------
```

24)
```
   8 7
+  4 2
------
```

DAY 10

Double Digit Addition

Time :

Score /24

1)
```
    9  2
+   1  1
_____
```

2)
```
    5  7
+   4  5
_____
```

3)
```
    6  8
+   6  1
_____
```

4)
```
    8  7
+   5  6
_____
```

5)
```
    7  7
+   8  4
_____
```

6)
```
    2  9
+   1  2
_____
```

7)
```
    1  4
+   1  0
_____
```

8)
```
    6  3
+   6  8
_____
```

9)
```
    9  9
+   1  8
_____
```

10)
```
    7  6
+   9  2
_____
```

11)
```
    2  1
+   2  6
_____
```

12)
```
    6  2
+   1  4
_____
```

13)
```
    9  4
+   7  2
_____
```

14)
```
    2  0
+   8  9
_____
```

15)
```
    6  9
+   9  2
_____
```

16)
```
    2  5
+   9  6
_____
```

17)
```
    5  8
+   9  0
_____
```

18)
```
    1  7
+   4  7
_____
```

19)
```
    7  6
+   4  5
_____
```

20)
```
    4  6
+   1  4
_____
```

21)
```
    7  6
+   4  2
_____
```

22)
```
    9  2
+   7  1
_____
```

23)
```
    5  8
+   1  1
_____
```

24)
```
    5  6
+   1  0
_____
```

DID YOU KNOW THERE ARE 2 LETTERS THAT ARE NOT USED TO SPELL ANY NUMBER? CAN YOU GUESS WHAT THEY ARE?

J and K are not used when spelling the word of any number. How crazy is that! I would have thought that every letter of the alphabet was used when spelling all the numbers because there are so many!

DAY 11
Double Digit Addition

1)
```
    3   8
+   7   0
_____
```

2)
```
    3   2
+   2   7
_____
```

3)
```
    6   4
+   7   8
_____
```

4)
```
    1   3
+   1   2
_____
```

5)
```
    5   5
+   5   4
_____
```

6)
```
    2   4
+   6   2
_____
```

7)
```
    1   2
+   8   9
_____
```

8)
```
    5   7
+   5   1
_____
```

9)
```
    7   6
+   1   7
_____
```

10)
```
    6   8
+   3   1
_____
```

11)
```
    6   3
+   2   0
_____
```

12)
```
    3   2
+   7   1
_____
```

13)
```
    3   9
+   9   5
_____
```

14)
```
    2   8
+   8   8
_____
```

15)
```
    9   7
+   8   7
_____
```

16)
```
    4   9
+   9   5
_____
```

17)
```
    3   2
+   2   3
_____
```

18)
```
    4   2
+   8   4
_____
```

19)
```
    1   1
+   7   8
_____
```

20)
```
    7   1
+   1   6
_____
```

21)
```
    9   1
+   3   6
_____
```

22)
```
    2   7
+   3   0
_____
```

23)
```
    3   3
+   3   6
_____
```

24)
```
    4   9
+   9   7
_____
```

DAY 12

Double Digit Addition

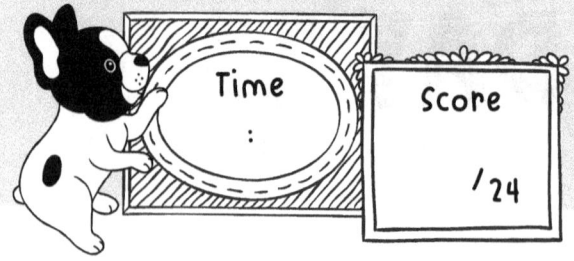

1)

```
    6  7
+   2  1
_____
```

2)

```
    7  6
+   4  3
_____
```

3)

```
    3  2
+   3  5
_____
```

4)

```
    8  5
+   1  6
_____
```

5)

```
    2  7
+   8  9
_____
```

6)

```
    4  1
+   8  5
_____
```

7)

```
    6  1
+   8  6
_____
```

8)

```
    2  1
+   8  1
_____
```

9)

```
    6  3
+   6  3
_____
```

10)

```
    5  0
+   1  9
_____
```

11)

```
    7  7
+   4  8
_____
```

12)

```
    1  7
+   7  3
_____
```

13)

```
    3  0
+   6  2
_____
```

14)

```
    7  6
+   1  7
_____
```

15)

```
    7  9
+   1  1
_____
```

16)

```
    1  5
+   9  7
_____
```

17)

```
    4  5
+   2  6
_____
```

18)

```
    4  8
+   3  2
_____
```

19)

```
    8  9
+   3  4
_____
```

20)

```
    1  3
+   8  3
_____
```

21)

```
    1  1
+   9  4
_____
```

22)

```
    9  2
+   1  3
_____
```

23)

```
    3  6
+   9  7
_____
```

24)

```
    3  7
+   1  6
_____
```

DAY 13

Double Digit Addition

1)
```
   5 7
+  6 4
-------
```

2)
```
   5 5
+  5 6
-------
```

3)
```
   5 6
+  3 0
-------
```

4)
```
   8 9
+  6 8
-------
```

5)
```
   5 9
+  9 5
-------
```

6)
```
   7 2
+  2 1
-------
```

7)
```
   3 5
+  1 9
-------
```

8)
```
   1 5
+  9 6
-------
```

9)
```
   8 3
+  7 6
-------
```

10)
```
   9 3
+  4 1
-------
```

11)
```
   2 9
+  2 7
-------
```

12)
```
   8 3
+  5 2
-------
```

13)
```
   8 4
+  8 2
-------
```

14)
```
   7 6
+  3 7
-------
```

15)
```
   5 3
+  9 0
-------
```

16)
```
   8 2
+  5 7
-------
```

17)
```
   6 1
+  7 4
-------
```

18)
```
   6 2
+  5 2
-------
```

19)
```
   9 1
+  2 9
-------
```

20)
```
   7 0
+  3 8
-------
```

21)
```
   5 8
+  5 4
-------
```

22)
```
   3 7
+  8 7
-------
```

23)
```
   1 9
+  3 7
-------
```

24)
```
   2 9
+  3 4
-------
```

DAY 14

Double Digit Addition

1)
```
    3   1
+   2   2
―――――――
```

2)
```
    4   6
+   2   8
―――――――
```

3)
```
    4   2
+   5   3
―――――――
```

4)
```
    3   1
+   6   5
―――――――
```

5)
```
    1   6
+   4   5
―――――――
```

6)
```
    6   8
+   8   8
―――――――
```

7)
```
    2   7
+   8   1
―――――――
```

8)
```
    1   9
+   1   5
―――――――
```

9)
```
    3   4
+   3   5
―――――――
```

10)
```
    2   8
+   2   7
―――――――
```

11)
```
    5   6
+   4   9
―――――――
```

12)
```
    2   3
+   5   7
―――――――
```

13)
```
    7   5
+   9   3
―――――――
```

14)
```
    9   1
+   2   0
―――――――
```

15)
```
    9   6
+   4   1
―――――――
```

16)
```
    2   6
+   5   4
―――――――
```

17)
```
    4   9
+   6   2
―――――――
```

18)
```
    4   1
+   4   6
―――――――
```

19)
```
    7   1
+   6   9
―――――――
```

20)
```
    7   4
+   6   4
―――――――
```

21)
```
    4   8
+   8   4
―――――――
```

22)
```
    1   5
+   4   3
―――――――
```

23)
```
    2   8
+   8   2
―――――――
```

24)
```
    3   9
+   7   9
―――――――
```

DAY 15
Double Digit Addition

1)
```
    3 4
+   8 7
-------
```

2)
```
    7 9
+   4 2
-------
```

3)
```
    4 4
+   8 4
-------
```

4)
```
    6 5
+   6 0
-------
```

5)
```
    5 0
+   6 4
-------
```

6)
```
    9 9
+   9 2
-------
```

7)
```
    9 7
+   3 7
-------
```

8)
```
    7 2
+   5 8
-------
```

9)
```
    2 5
+   8 8
-------
```

10)
```
    4 9
+   6 3
-------
```

11)
```
    6 9
+   9 8
-------
```

12)
```
    7 2
+   3 9
-------
```

13)
```
    2 9
+   3 8
-------
```

14)
```
    7 6
+   8 4
-------
```

15)
```
    5 8
+   2 1
-------
```

16)
```
    2 7
+   1 3
-------
```

17)
```
    4 8
+   4 5
-------
```

18)
```
    1 1
+   9 6
-------
```

19)
```
    1 0
+   8 3
-------
```

20)
```
    8 5
+   5 3
-------
```

21)
```
    1 9
+   2 0
-------
```

22)
```
    3 1
+   8 1
-------
```

23)
```
    2 0
+   9 7
-------
```

24)
```
    4 6
+   6 6
-------
```

DAY 16

Double Digit Addition

1)
```
   8   5
+  2   1
```

2)
```
   6   9
+  9   1
```

3)
```
   3   8
+  2   6
```

4)
```
   2   7
+  6   6
```

5)
```
   3   2
+  2   9
```

6)
```
   2   2
+  7   5
```

7)
```
   3   1
+  4   9
```

8)
```
   7   0
+  1   4
```

9)
```
   1   0
+  5   4
```

10)
```
   4   0
+  1   2
```

11)
```
   2   6
+  6   3
```

12)
```
   3   1
+  1   2
```

13)
```
   1   6
+  6   2
```

14)
```
   3   1
+  8   6
```

15)
```
   4   2
+  8   4
```

16)
```
   9   7
+  9   9
```

17)
```
   6   9
+  8   0
```

18)
```
   1   3
+  2   5
```

19)
```
   9   1
+  4   3
```

20)
```
   3   3
+  2   2
```

21)
```
   8   6
+  3   0
```

22)
```
   6   2
+  7   5
```

23)
```
   3   2
+  1   1
```

24)
```
   5   1
+  4   0
```

DAY 17

Double Digit Addition

1)
```
    1  3
+   3  4
_____
```

2)
```
    2  2
+   5  8
_____
```

3)
```
    7  6
+   8  5
_____
```

4)
```
    8  6
+   2  3
_____
```

5)
```
    4  6
+   5  4
_____
```

6)
```
    4  0
+   6  8
_____
```

7)
```
    8  9
+   8  9
_____
```

8)
```
    1  3
+   4  4
_____
```

9)
```
    3  6
+   1  3
_____
```

10)
```
    3  9
+   1  2
_____
```

11)
```
    7  6
+   5  2
_____
```

12)
```
    7  9
+   3  9
_____
```

13)
```
    5  5
+   9  9
_____
```

14)
```
    1  1
+   3  0
_____
```

15)
```
    2  1
+   1  4
_____
```

16)
```
    4  0
+   8  1
_____
```

17)
```
    3  0
+   6  5
_____
```

18)
```
    4  5
+   1  1
_____
```

19)
```
    8  5
+   6  0
_____
```

20)
```
    1  6
+   7  8
_____
```

21)
```
    8  1
+   9  8
_____
```

22)
```
    7  4
+   1  4
_____
```

23)
```
    1  2
+   5  9
_____
```

24)
```
    3  0
+   8  0
_____
```

DAY 18
Double Digit Addition

1)
```
    1   7
+   3   5
_____
```

2)
```
    9   9
+   7   8
_____
```

3)
```
    5   3
+   8   9
_____
```

4)
```
    8   3
+   2   3
_____
```

5)
```
    3   2
+   6   1
_____
```

6)
```
    9   0
+   7   2
_____
```

7)
```
    1   8
+   5   9
_____
```

8)
```
    7   4
+   8   1
_____
```

9)
```
    9   1
+   2   8
_____
```

10)
```
    6   7
+   3   7
_____
```

11)
```
    6   6
+   8   6
_____
```

12)
```
    6   7
+   6   6
_____
```

13)
```
    5   9
+   4   3
_____
```

14)
```
    1   3
+   3   2
_____
```

15)
```
    4   8
+   8   3
_____
```

16)
```
    6   9
+   5   6
_____
```

17)
```
    2   4
+   7   0
_____
```

18)
```
    5   9
+   2   0
_____
```

19)
```
    3   0
+   9   9
_____
```

20)
```
    9   2
+   9   0
_____
```

21)
```
    8   3
+   6   8
_____
```

22)
```
    5   1
+   7   2
_____
```

23)
```
    7   8
+   6   0
_____
```

24)
```
    5   9
+   9   2
_____
```

DAY 19

Double Digit Addition

1)
```
    8  6
+   2  7
_____
```

2)
```
    5  4
+   6  0
_____
```

3)
```
    1  8
+   9  1
_____
```

4)
```
    5  5
+   1  7
_____
```

5)
```
    4  8
+   5  5
_____
```

6)
```
    9  3
+   7  0
_____
```

7)
```
    6  0
+   6  0
_____
```

8)
```
    9  9
+   4  5
_____
```

9)
```
    8  0
+   6  8
_____
```

10)
```
    6  8
+   2  4
_____
```

11)
```
    6  5
+   7  0
_____
```

12)
```
    4  7
+   9  5
_____
```

13)
```
    2  9
+   8  3
_____
```

14)
```
    1  8
+   3  4
_____
```

15)
```
    8  8
+   8  2
_____
```

16)
```
    7  4
+   9  8
_____
```

17)
```
    4  4
+   2  5
_____
```

18)
```
    5  3
+   4  1
_____
```

19)
```
    8  4
+   3  2
_____
```

20)
```
    2  9
+   2  3
_____
```

21)
```
    9  1
+   1  0
_____
```

22)
```
    9  0
+   3  4
_____
```

23)
```
    9  4
+   3  8
_____
```

24)
```
    9  4
+   5  1
_____
```

DAY 20

Double Digit Addition

1)
```
   3 7
+  9 4
_____
```

2)
```
   6 9
+  7 7
_____
```

3)
```
   7 1
+  9 3
_____
```

4)
```
   8 5
+  8 5
_____
```

5)
```
   3 1
+  8 6
_____
```

6)
```
   2 4
+  2 7
_____
```

7)
```
   3 5
+  9 0
_____
```

8)
```
   9 6
+  3 4
_____
```

9)
```
   8 5
+  5 6
_____
```

10)
```
   8 0
+  7 7
_____
```

11)
```
   3 7
+  9 5
_____
```

12)
```
   9 9
+  7 9
_____
```

13)
```
   1 5
+  3 2
_____
```

14)
```
   6 9
+  5 3
_____
```

15)
```
   3 5
+  7 4
_____
```

16)
```
   4 3
+  6 6
_____
```

17)
```
   5 9
+  5 4
_____
```

18)
```
   6 4
+  1 5
_____
```

19)
```
   1 0
+  8 8
_____
```

20)
```
   2 4
+  5 0
_____
```

21)
```
   5 2
+  2 6
_____
```

22)
```
   6 4
+  9 7
_____
```

23)
```
   4 9
+  6 4
_____
```

24)
```
   5 8
+  7 1
_____
```

DAY 21

Double Digit Addition

1)
```
    5  9
+   2  6
_____
```

2)
```
    7  1
+   5  7
_____
```

3)
```
    4  4
+   3  4
_____
```

4)
```
    6  0
+   9  7
_____
```

5)
```
    6  1
+   4  8
_____
```

6)
```
    6  7
+   2  2
_____
```

7)
```
    8  3
+   3  5
_____
```

8)
```
    6  9
+   6  6
_____
```

9)
```
    4  4
+   6  0
_____
```

10)
```
    2  8
+   7  4
_____
```

11)
```
    5  4
+   7  1
_____
```

12)
```
    8  8
+   6  9
_____
```

13)
```
    8  7
+   8  8
_____
```

14)
```
    5  3
+   4  6
_____
```

15)
```
    5  0
+   5  2
_____
```

16)
```
    5  2
+   7  8
_____
```

17)
```
    5  5
+   5  5
_____
```

18)
```
    3  5
+   8  1
_____
```

19)
```
    6  9
+   3  6
_____
```

20)
```
    1  1
+   6  5
_____
```

21)
```
    2  8
+   7  6
_____
```

22)
```
    5  4
+   8  3
_____
```

23)
```
    6  1
+   4  8
_____
```

24)
```
    2  1
+   5  9
_____
```

DAY 22
Double Digit Addition

Time :

Score /24

1)
```
   1 7
+  7 3
-------
```

2)
```
   3 0
+  6 0
-------
```

3)
```
   2 4
+  3 9
-------
```

4)
```
   9 0
+  8 9
-------
```

5)
```
   8 5
+  2 6
-------
```

6)
```
   4 1
+  6 5
-------
```

7)
```
   6 3
+  3 0
-------
```

8)
```
   3 1
+  5 5
-------
```

9)
```
   9 4
+  8 9
-------
```

10)
```
   6 4
+  2 9
-------
```

11)
```
   3 6
+  6 2
-------
```

12)
```
   2 4
+  4 6
-------
```

13)
```
   2 1
+  4 0
-------
```

14)
```
   6 0
+  2 2
-------
```

15)
```
   9 2
+  2 4
-------
```

16)
```
   5 6
+  9 3
-------
```

17)
```
   9 1
+  7 1
-------
```

18)
```
   1 5
+  2 3
-------
```

19)
```
   6 9
+  7 1
-------
```

20)
```
   1 3
+  2 7
-------
```

21)
```
   9 1
+  4 0
-------
```

22)
```
   7 4
+  5 3
-------
```

23)
```
   7 7
+  8 9
-------
```

24)
```
   9 6
+  4 5
-------
```

DAY 23

Double Digit Addition

1)
```
   5  9
+  5  3
```

2)
```
   9  9
+  9  6
```

3)
```
   8  5
+  3  8
```

4)
```
   5  8
+  4  7
```

5)
```
   4  0
+  6  4
```

6)
```
   2  0
+  1  8
```

7)
```
   8  3
+  8  4
```

8)
```
   2  9
+  5  4
```

9)
```
   9  0
+  2  1
```

10)
```
   1  4
+  1  2
```

11)
```
   3  0
+  5  6
```

12)
```
   3  0
+  3  8
```

13)
```
   2  1
+  2  8
```

14)
```
   3  6
+  8  7
```

15)
```
   8  0
+  9  5
```

16)
```
   1  1
+  7  7
```

17)
```
   3  3
+  9  8
```

18)
```
   8  1
+  8  3
```

19)
```
   9  3
+  1  4
```

20)
```
   8  7
+  8  1
```

21)
```
   4  5
+  8  6
```

22)
```
   3  2
+  8  6
```

23)
```
   7  4
+  1  1
```

24)
```
   3  1
+  9  7
```

DAY 24

Double Digit Addition

1)
```
   6 0
+  3 2
```

2)
```
   9 5
+  7 9
```

3)
```
   2 2
+  4 2
```

4)
```
   7 7
+  4 2
```

5)
```
   7 9
+  2 9
```

6)
```
   3 6
+  3 4
```

7)
```
   8 4
+  3 8
```

8)
```
   6 0
+  7 2
```

9)
```
   1 6
+  2 9
```

10)
```
   6 8
+  4 1
```

11)
```
   3 1
+  8 6
```

12)
```
   1 5
+  9 5
```

13)
```
   1 7
+  1 4
```

14)
```
   2 9
+  8 6
```

15)
```
   8 8
+  7 0
```

16)
```
   8 5
+  9 6
```

17)
```
   7 0
+  1 7
```

18)
```
   4 8
+  6 4
```

19)
```
   7 5
+  3 8
```

20)
```
   1 4
+  2 0
```

21)
```
   2 2
+  8 1
```

22)
```
   5 6
+  5 2
```

23)
```
   5 1
+  4 6
```

24)
```
   1 3
+  4 2
```

DAY 25

Double Digit Addition

Time
:

Score
/ 24

1)
```
    6   4
+   9   0
_____
```

2)
```
    2   1
+   9   6
_____
```

3)
```
    3   0
+   1   6
_____
```

4)
```
    6   4
+   4   2
_____
```

5)
```
    7   3
+   8   4
_____
```

6)
```
    9   4
+   2   9
_____
```

7)
```
    4   2
+   6   7
_____
```

8)
```
    3   1
+   3   0
_____
```

9)
```
    4   5
+   2   9
_____
```

10)
```
    9   6
+   7   6
_____
```

11)
```
    7   9
+   1   8
_____
```

12)
```
    7   3
+   7   6
_____
```

13)
```
    6   4
+   9   9
_____
```

14)
```
    5   9
+   1   0
_____
```

15)
```
    2   0
+   2   5
_____
```

16)
```
    7   1
+   8   5
_____
```

17)
```
    5   2
+   1   6
_____
```

18)
```
    5   1
+   2   9
_____
```

19)
```
    9   3
+   7   0
_____
```

20)
```
    3   0
+   8   7
_____
```

21)
```
    9   8
+   7   4
_____
```

22)
```
    7   5
+   9   6
_____
```

23)
```
    4   0
+   5   3
_____
```

24)
```
    6   4
+   6   4
_____
```

Did you know the numerical system we use today – the one using the digits 0-9 – is a lot older than the time it has been used for?

This system is actually based on a Hindu-Arabic numeral system that was developed more than 1000 years ago, but was not used throughout Europe until the 15th century! I wonder who discovered the system and decided to start using it in Europe.

DAY 26

Triple Digit Addition

1)
```
    7  1  1
+   1  3  2
_____
```

2)
```
    4  9  2
+   5  7  8
_____
```

3)
```
    6  7  8
+   3  0  9
_____
```

4)
```
    1  7  3
+   2  4  2
_____
```

5)
```
    7  4  5
+   7  0  7
_____
```

6)
```
    2  1  5
+   7  3  9
_____
```

7)
```
    9  6  3
+   3  1  3
_____
```

8)
```
    5  6  4
+   7  3  1
_____
```

9)
```
    4  5  8
+   7  0  8
_____
```

10)
```
    4  6  5
+   2  2  7
_____
```

11)
```
    2  5  0
+   4  4  6
_____
```

12)
```
    6  0  9
+   2  2  1
_____
```

13)
```
    8  1  6
+   2  1  9
_____
```

14)
```
    6  7  5
+   9  1  1
_____
```

15)
```
    3  7  6
+   9  4  3
_____
```

16)
```
    1  6  5
+   4  3  7
_____
```

17)
```
    2  9  6
+   2  2  7
_____
```

18)
```
    4  5  4
+   3  4  6
_____
```

DAY 27

Triple Digit Addition

1)
```
    2  3  8
 +  3  1  4
_____
```

2)
```
    4  4  2
 +  2  4  2
_____
```

3)
```
    1  9  0
 +  5  1  3
_____
```

4)
```
    1  0  7
 +  6  1  1
_____
```

5)
```
    1  8  4
 +  7  4  7
_____
```

6)
```
    6  1  6
 +  9  1  8
_____
```

7)
```
    6  2  3
 +  7  4  1
_____
```

8)
```
    9  7  3
 +  4  5  7
_____
```

9)
```
    5  6  6
 +  8  4  0
_____
```

10)
```
    6  6  6
 +  9  8  8
_____
```

11)
```
    6  3  5
 +  4  7  0
_____
```

12)
```
    2  0  2
 +  4  0  3
_____
```

13)
```
    6  7  0
 +  1  8  9
_____
```

14)
```
    4  5  8
 +  7  3  2
_____
```

15)
```
    7  3  5
 +  3  9  3
_____
```

16)
```
    5  9  4
 +  9  2  7
_____
```

17)
```
    6  9  1
 +  7  7  9
_____
```

18)
```
    3  3  3
 +  7  4  6
_____
```

DAY 28

Triple Digit Addition

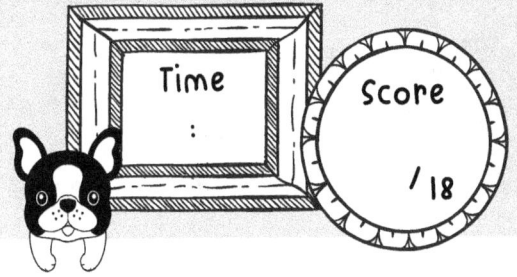

Time

:

Score

/ 18

1)
```
    6  0  6
+   9  2  8
_____
```

2)
```
    7  7  3
+   4  4  2
_____
```

3)
```
    3  8  3
+   8  2  5
_____
```

4)
```
    5  6  8
+   9  3  6
_____
```

5)
```
    3  8  7
+   8  3  0
_____
```

6)
```
    7  7  7
+   9  6  2
_____
```

7)
```
    6  4  4
+   7  2  8
_____
```

8)
```
    4  5  7
+   1  8  4
_____
```

9)
```
    8  6  3
+   3  8  0
_____
```

10)
```
    2  3  3
+   7  2  9
_____
```

11)
```
    2  5  5
+   3  1  1
_____
```

12)
```
    4  9  4
+   3  9  8
_____
```

13)
```
    7  2  8
+   3  1  9
_____
```

14)
```
    3  0  2
+   7  0  6
_____
```

15)
```
    1  9  9
+   1  3  9
_____
```

16)
```
    1  6  3
+   5  0  0
_____
```

17)
```
    4  5  9
+   9  8  3
_____
```

18)
```
    9  4  9
+   9  8  0
_____
```

DAY 29

Triple Digit Addition

1)
```
    3  9  5
+   8  0  0
_____
```

2)
```
    4  6  6
+   3  7  7
_____
```

3)
```
    9  3  8
+   5  6  8
_____
```

4)
```
    1  6  2
+   1  0  1
_____
```

5)
```
    5  1  9
+   3  4  0
_____
```

6)
```
    4  6  9
+   1  7  6
_____
```

7)
```
    5  8  7
+   1  3  0
_____
```

8)
```
    9  5  3
+   7  1  8
_____
```

9)
```
    5  2  6
+   9  9  4
_____
```

10)
```
    5  4  4
+   3  9  3
_____
```

11)
```
    7  6  6
+   1  6  2
_____
```

12)
```
    4  5  8
+   3  2  4
_____
```

13)
```
    6  0  1
+   1  6  4
_____
```

14)
```
    5  5  6
+   5  2  6
_____
```

15)
```
    8  5  0
+   6  9  6
_____
```

16)
```
    8  6  3
+   7  8  3
_____
```

17)
```
    1  5  6
+   4  4  0
_____
```

18)
```
    6  5  6
+   8  8  1
_____
```

DAY 30

Triple Digit Addition

Time
:

Score
/ 18

1)
```
    8  1  6
+   7  9  8
_____
```

2)
```
    6  6  0
+   2  8  2
_____
```

3)
```
    4  8  8
+   3  7  7
_____
```

4)
```
    8  5  2
+   4  1  6
_____
```

5)
```
    3  9  5
+   2  5  8
_____
```

6)
```
    5  9  3
+   4  6  6
_____
```

7)
```
    1  1  3
+   4  3  4
_____
```

8)
```
    1  6  6
+   8  2  4
_____
```

9)
```
    5  5  6
+   4  8  6
_____
```

10)
```
    2  6  5
+   9  0  0
_____
```

11)
```
    9  6  5
+   7  5  9
_____
```

12)
```
    8  8  0
+   3  9  7
_____
```

13)
```
    8  9  5
+   5  9  1
_____
```

14)
```
    3  1  1
+   7  4  9
_____
```

15)
```
    8  3  0
+   7  2  1
_____
```

16)
```
    3  8  8
+   6  6  6
_____
```

17)
```
    7  1  8
+   2  9  7
_____
```

18)
```
    4  0  5
+   6  5  9
_____
```

DAY 31

Triple Digit Addition

1)
```
   9 5 2
+  7 4 5
```

2)
```
   6 6 7
+  3 1 5
```

3)
```
   3 6 1
+  1 5 3
```

4)
```
   8 9 4
+  7 3 4
```

5)
```
   7 8 8
+  3 0 2
```

6)
```
   6 9 5
+  1 5 4
```

7)
```
   2 9 3
+  4 3 5
```

8)
```
   7 1 9
+  7 0 8
```

9)
```
   8 7 4
+  6 6 7
```

10)
```
   9 9 9
+  6 3 6
```

11)
```
   3 5 8
+  2 0 4
```

12)
```
   6 0 9
+  8 9 8
```

13)
```
   9 2 1
+  4 6 7
```

14)
```
   9 3 0
+  4 5 6
```

15)
```
   9 0 8
+  8 1 5
```

16)
```
   1 1 5
+  6 2 4
```

17)
```
   1 3 7
+  1 0 4
```

18)
```
   2 8 1
+  5 3 9
```

DAY 32

Triple Digit Addition

1)
```
    4  7  8
+   6  8  5
_____
```

2)
```
    5  4  8
+   5  0  3
_____
```

3)
```
    5  9  7
+   3  7  8
_____
```

4)
```
    9  8  2
+   3  8  8
_____
```

5)
```
    6  1  2
+   4  7  5
_____
```

6)
```
    2  3  0
+   9  8  3
_____
```

7)
```
    4  8  7
+   4  2  5
_____
```

8)
```
    1  5  1
+   4  4  3
_____
```

9)
```
    2  9  4
+   8  1  7
_____
```

10)
```
    7  6  1
+   7  7  2
_____
```

11)
```
    8  0  0
+   7  0  8
_____
```

12)
```
    7  6  9
+   2  5  6
_____
```

13)
```
    5  3  4
+   4  6  7
_____
```

14)
```
    6  1  7
+   9  2  4
_____
```

15)
```
    5  6  2
+   1  1  1
_____
```

16)
```
    2  9  3
+   4  3  8
_____
```

17)
```
    6  1  8
+   4  7  6
_____
```

18)
```
    7  2  0
+   3  7  8
_____
```

DAY 33

Triple Digit Addition

1)
```
    5  1  9
+   5  6  8
```

2)
```
    7  1  4
+   9  6  8
```

3)
```
    1  6  0
+   3  4  4
```

4)
```
    6  7  7
+   3  5  2
```

5)
```
    6  8  9
+   9  0  9
```

6)
```
    7  6  2
+   5  5  2
```

7)
```
    6  8  9
+   9  7  7
```

8)
```
    3  0  9
+   9  4  9
```

9)
```
    6  9  9
+   1  4  8
```

10)
```
    1  3  4
+   2  2  8
```

11)
```
    4  4  7
+   9  4  0
```

12)
```
    6  8  3
+   3  7  2
```

13)
```
    3  3  0
+   8  5  7
```

14)
```
    3  2  3
+   7  9  2
```

15)
```
    8  6  6
+   6  5  8
```

16)
```
    8  6  9
+   3  1  5
```

17)
```
    8  9  2
+   1  9  6
```

18)
```
    6  3  3
+   8  9  3
```

DAY 34

Triple Digit Addition

1)
```
    4  3  0
+   5  7  3
_____
```

2)
```
    4  8  3
+   8  6  1
_____
```

3)
```
    4  8  3
+   6  9  1
_____
```

4)
```
    4  7  2
+   5  5  6
_____
```

5)
```
    9  1  8
+   4  5  9
_____
```

6)
```
    4  7  1
+   8  9  2
_____
```

7)
```
    1  0  5
+   9  2  3
_____
```

8)
```
    4  8  7
+   9  6  4
_____
```

9)
```
    5  9  9
+   9  4  7
_____
```

10)
```
    8  9  7
+   3  8  6
_____
```

11)
```
    4  3  3
+   8  1  1
_____
```

12)
```
    6  8  0
+   4  6  1
_____
```

13)
```
    4  6  3
+   4  5  3
_____
```

14)
```
    2  9  2
+   1  6  4
_____
```

15)
```
    3  2  6
+   5  6  2
_____
```

16)
```
    9  9  8
+   2  1  9
_____
```

17)
```
    6  8  5
+   8  9  0
_____
```

18)
```
    2  2  9
+   6  6  4
_____
```

DAY 35

Triple Digit Addition

1)
```
    5  2  2
+   6  7  7
_____
```

2)
```
    6  2  9
+   2  6  2
_____
```

3)
```
    3  5  7
+   8  3  6
_____
```

4)
```
    9  2  2
+   6  2  1
_____
```

5)
```
    3  9  2
+   3  9  7
_____
```

6)
```
    2  1  7
+   3  6  7
_____
```

7)
```
    6  7  1
+   8  4  6
_____
```

8)
```
    3  9  9
+   6  8  2
_____
```

9)
```
    5  1  7
+   3  9  5
_____
```

10)
```
    2  7  6
+   7  7  6
_____
```

11)
```
    8  9  2
+   8  6  3
_____
```

12)
```
    1  3  1
+   3  0  2
_____
```

13)
```
    6  8  7
+   5  2  3
_____
```

14)
```
    6  2  8
+   1  0  0
_____
```

15)
```
    7  9  0
+   5  5  0
_____
```

16)
```
    4  1  1
+   6  5  6
_____
```

17)
```
    4  4  8
+   6  1  1
_____
```

18)
```
    3  8  4
+   1  9  7
_____
```

DAY 36
Triple Digit Addition

1)
```
    5 4 2
 +  1 6 5
 _____
```

2)
```
    4 0 2
 +  7 1 9
 _____
```

3)
```
    3 7 6
 +  5 0 0
 _____
```

4)
```
    6 7 0
 +  6 1 8
 _____
```

5)
```
    9 4 6
 +  2 5 1
 _____
```

6)
```
    8 1 3
 +  1 8 5
 _____
```

7)
```
    2 8 6
 +  3 7 6
 _____
```

8)
```
    9 9 9
 +  8 8 3
 _____
```

9)
```
    3 7 6
 +  6 1 0
 _____
```

10)
```
    6 3 8
 +  1 0 3
 _____
```

11)
```
    6 2 4
 +  3 6 2
 _____
```

12)
```
    6 8 6
 +  7 2 8
 _____
```

13)
```
    7 6 7
 +  9 2 7
 _____
```

14)
```
    7 0 0
 +  9 5 4
 _____
```

15)
```
    8 5 2
 +  5 6 2
 _____
```

16)
```
    2 3 4
 +  8 7 4
 _____
```

17)
```
    7 3 4
 +  6 5 0
 _____
```

18)
```
    7 2 3
 +  5 4 2
 _____
```

DAY 37

Triple Digit Addition

1)
```
    7  9  7
+   4  4  2
_____
```

2)
```
    3  2  6
+   9  9  4
_____
```

3)
```
    8  2  4
+   5  2  6
_____
```

4)
```
    2  5  8
+   1  2  6
_____
```

5)
```
    3  6  2
+   5  4  5
_____
```

6)
```
    9  8  9
+   3  6  8
_____
```

7)
```
    6  5  7
+   7  3  4
_____
```

8)
```
    6  9  5
+   2  9  9
_____
```

9)
```
    6  1  4
+   4  3  1
_____
```

10)
```
    9  6  6
+   9  1  0
_____
```

11)
```
    9  7  0
+   3  8  1
_____
```

12)
```
    9  7  5
+   6  9  2
_____
```

13)
```
    1  8  9
+   5  6  8
_____
```

14)
```
    1  0  2
+   4  4  7
_____
```

15)
```
    4  7  0
+   5  0  5
_____
```

16)
```
    7  2  4
+   3  1  1
_____
```

17)
```
    9  7  2
+   7  6  9
_____
```

18)
```
    7  0  4
+   3  2  8
_____
```

DAY 38

Triple Digit Addition

Time
:

Score

/ 18

1)
```
    3 8 5
+   5 8 8
```

2)
```
    6 6 7
+   9 2 7
```

3)
```
    5 8 6
+   2 0 1
```

4)
```
    9 3 0
+   8 3 5
```

5)
```
    8 3 9
+   3 3 4
```

6)
```
    6 2 4
+   9 5 1
```

7)
```
    9 5 9
+   6 2 7
```

8)
```
    9 3 2
+   1 3 0
```

9)
```
    2 6 5
+   1 8 5
```

10)
```
    1 7 9
+   2 8 7
```

11)
```
    2 5 8
+   3 5 4
```

12)
```
    8 3 0
+   1 2 0
```

13)
```
    8 8 0
+   8 1 5
```

14)
```
    9 6 4
+   3 5 2
```

15)
```
    5 3 6
+   5 8 9
```

16)
```
    3 5 6
+   5 3 5
```

17)
```
    8 1 7
+   3 5 8
```

18)
```
    1 8 5
+   6 1 5
```

DAY 39

Triple Digit Addition

1)
```
    3  7  0
+   1  5  3
_____
```

2)
```
    7  0  1
+   3  9  3
_____
```

3)
```
    6  5  1
+   3  6  9
_____
```

4)
```
    3  0  1
+   9  9  4
_____
```

5)
```
    2  4  5
+   8  1  6
_____
```

6)
```
    8  0  7
+   8  5  2
_____
```

7)
```
    9  4  8
+   2  6  3
_____
```

8)
```
    3  5  7
+   8  9  3
_____
```

9)
```
    6  8  3
+   5  9  2
_____
```

10)
```
    9  7  1
+   8  3  3
_____
```

11)
```
    9  4  9
+   2  1  9
_____
```

12)
```
    3  5  7
+   3  8  2
_____
```

13)
```
    2  6  5
+   3  4  9
_____
```

14)
```
    4  4  7
+   2  6  8
_____
```

15)
```
    4  8  8
+   4  9  8
_____
```

16)
```
    1  4  5
+   5  0  9
_____
```

17)
```
    7  3  1
+   8  2  4
_____
```

18)
```
    3  3  3
+   3  8  8
_____
```

DAY 40
Triple Digit Addition

1)
```
    1  6  1
+   3  6  5
_____
```

2)
```
    7  2  0
+   1  0  3
_____
```

3)
```
    7  6  7
+   6  5  5
_____
```

4)
```
    8  0  2
+   5  5  6
_____
```

5)
```
    6  1  1
+   3  9  6
_____
```

6)
```
    1  4  8
+   8  7  5
_____
```

7)
```
    1  2  5
+   8  4  0
_____
```

8)
```
    5  3  0
+   3  5  5
_____
```

9)
```
    3  2  4
+   8  6  2
_____
```

10)
```
    5  0  4
+   4  9  2
_____
```

11)
```
    3  1  2
+   4  9  4
_____
```

12)
```
    9  4  0
+   3  6  1
_____
```

13)
```
    3  6  0
+   7  1  4
_____
```

14)
```
    2  4  2
+   5  6  6
_____
```

15)
```
    5  2  2
+   3  0  0
_____
```

16)
```
    1  6  2
+   3  9  9
_____
```

17)
```
    6  5  7
+   7  3  9
_____
```

18)
```
    7  1  6
+   9  3  5
_____
```

THE SUM OF THE DIGITS OF A NUMBER ADDED TO 9 IS ALWAYS EQUAL TO THE SUM OF THE DIGITS OF THE RESULT.

How cool is that!

For example:

9 + 17 = 26

2 + 6 = 8

1 + 7 = 8

DAY 41

Multi-Digit Addition

1)
```
    4  5  0  3
+   9  3  4  3
```

2)
```
    7  5  2  8
+   9  8  5  2
```

3)
```
    8  3  6  0
+   1  8  9  3
```

4)
```
    3  8  4  3
+   7  2  8  3
```

5)
```
    1  9  6  6
+   2  0  3  6
```

6)
```
    1  3  2  7
+   1  1  1  6
```

7)
```
    3  2  7  6  1
+   2  9  5  9  8
```

8)
```
    9  1  3  8  0
+   9  3  5  0  4
```

9)
```
    4  6  8  7  3
+   1  8  8  0  4
```

10)
```
    6  7  9  3  9
+   7  7  5  4  8
```

11)
```
    1  4  9  8  9
+   3  4  5  9  5
```

12)
```
    4  0  5  9  4
+   7  4  7  8  5
```

DAY 42

Multi-Digit Addition

1)
```
    5 9 6 9
  + 3 8 3 6
  _____
```

2)
```
    8 3 3 8
  + 1 6 6 5
  _____
```

3)
```
    9 6 3 9
  + 8 5 1 3
  _____
```

4)
```
    5 9 9 9
  + 3 0 8 4
  _____
```

5)
```
    4 9 2 8
  + 6 5 6 5
  _____
```

6)
```
    1 0 7 8
  + 8 2 3 5
  _____
```

7)
```
    6 5 2 0 1
  + 5 2 4 4 1
  _____
```

8)
```
    4 0 5 2 9
  + 7 7 9 0 0
  _____
```

9)
```
    3 2 9 5 1
  + 2 0 2 8 7
  _____
```

10)
```
    3 5 9 3 3
  + 3 1 9 6 8
  _____
```

11)
```
    4 6 5 8 4
  + 2 4 1 2 1
  _____
```

12)
```
    3 3 8 8 2
  + 7 9 3 6 9
  _____
```

DAY 43

Multi-Digit Addition

1)
```
    7 9 3 5
+   6 3 9 3
```

2)
```
    6 0 0 6
+   5 0 9 7
```

3)
```
    2 5 0 2
+   1 6 6 1
```

4)
```
    9 1 5 6
+   3 4 2 1
```

5)
```
    5 3 4 5
+   7 1 9 2
```

6)
```
    4 5 3 4
+   7 8 0 7
```

7)
```
    6 1 0 2 1
+   6 7 7 6 3
```

8)
```
    8 7 3 7 6
+   7 2 9 7 4
```

9)
```
    4 8 2 0 5
+   6 6 7 8 6
```

10)
```
    9 8 6 1 0
+   4 1 9 8 6
```

11)
```
    1 9 3 1 4
+   6 4 5 1 7
```

12)
```
    7 3 1 9 5
+   4 2 2 6 4
```

DAY 44

Multi-Digit Addition

1)

```
    2  0  3  8
+   9  4  5  4
```

2)

```
    8  7  2  1
+   2  8  6  2
```

3)

```
    5  3  4  5
+   2  3  3  9
```

4)

```
    6  2  3  7
+   3  7  0  5
```

5)

```
    3  2  2  6
+   4  1  1  7
```

6)

```
    7  5  4  1
+   6  1  0  0
```

7)

```
    9  6  6  7  9
+   4  9  5  9  5
```

8)

```
    9  5  0  6  9
+   6  9  9  6  1
```

9)

```
    5  3  5  6  4
+   9  0  1  9  1
```

10)

```
    8  6  0  6  2
+   5  9  4  2  9
```

11)

```
    4  0  2  1  0
+   3  5  8  4  1
```

12)

```
    7  1  3  7  4
+   4  0  9  3  7
```

DAY 45

Multi-Digit Addition

1)
```
    7  4  0  0
+   4  5  7  3
```

2)
```
    9  1  8  8
+   5  2  7  1
```

3)
```
    3  9  5  5
+   7  3  4  5
```

4)
```
    5  8  6  0
+   2  2  8  9
```

5)
```
    8  9  4  1
+   7  7  7  3
```

6)
```
    5  9  3  4
+   4  6  2  0
```

7)
```
    6  8  3  1  6
+   6  6  8  5  3
```

8)
```
    4  4  4  8  2
+   9  5  6  3  7
```

9)
```
    9  6  5  6  9
+   6  3  1  8  9
```

10)
```
    1  1  1  1  6
+   2  3  2  1  2
```

11)
```
    7  2  4  2  8
+   4  3  8  2  9
```

12)
```
    1  4  2  8  3
+   2  4  1  6  9
```

HAVE YOU HEARD OF CARL FRIEDRICH GAUSS?

He was an amazing person whom I wish I could have met! When he was a boy in the late 1700s he was in a math class where his teacher presented the students with a challenging problem. The problem was to add up all the numbers from 1 to 100. All the students grabbed some paper and began to add up the numbers, and instantly began to struggle. A short time later, Gauss presented his answer to the teacher, and his teacher was astonished.

His teacher was as surprised as the rest of the class because Gauss was correct. So how did he get the answer so fast?

Instead of taking a straightforward approach to the problem, Gauss looked at it a different way. He split the numbers in half: 1 to 50 and 51 to 100. He noticed that if he added the first half to the second half in reverse he got some very interesting results. When he added the first pair, 1 + 100, he got an answer of 101. The second pair, 2 + 99, also gave him 101. In fact, he got the same answer for every pair! Since there were 50 pairs of numbers, the final total is 101 x 50, which gave Gauss his answer of 5050.

DAY 46

Adding Three Numbers

Time :

Score /20

1)
```
  3 4
  9 8
+ 6 8
```

2)
```
  1 4
  5 0
+ 3 8
```

3)
```
  1 6
  4 4
+ 6 5
```

4)
```
  3 8
  1 1
+ 1 6
```

5)
```
  8 0
  8 6
+ 2 8
```

6)
```
  3 4
  4 3
+ 7 2
```

7)
```
  5 8
  9 2
+ 1 2
```

8)
```
  9 8
  3 7
+ 8 5
```

9)
```
  7 3
  2 6
+ 9 3
```

10)
```
  7 4
  2 5
+ 4 6
```

11)
```
  6 6
  3 9
+ 3 3
```

12)
```
  3 8
  7 5
+ 2 6
```

13)
```
  5 9
  8 9
+ 8 8
```

14)
```
  8 5
  1 3
+ 6 3
```

15)
```
  3 5
  2 4
+ 3 4
```

16)
```
  5 9
  4 3
+ 7 6
```

17)
```
  9 8
  2 4
+ 3 7
```

18)
```
  2 1
  5 3
+ 6 1
```

19)
```
  6 3
  4 9
+ 5 0
```

20)
```
  6 6
  4 3
+ 9 7
```

DAY 47

Adding Three Numbers

1)
```
    7  6
    4  3
+   9  5
─────────
```

2)
```
    7  5
    8  9
+   6  3
─────────
```

3)
```
    2  5
    4  3
+   6  8
─────────
```

4)
```
    5  2
    3  4
+   3  8
─────────
```

5)
```
    1  7
    2  4
+   1  7
─────────
```

6)
```
    6  5
    8  0
+   2  0
─────────
```

7)
```
    2  8
    3  8
+   5  3
─────────
```

8)
```
    8  5
    5  7
+   3  2
─────────
```

9)
```
    7  8
    5  7
+   7  5
─────────
```

10)
```
    8  5
    7  7
+   6  5
─────────
```

11)
```
    6  4
    4  7
+   1  8
─────────
```

12)
```
    1  7
    7  8
+   5  2
─────────
```

13)
```
    5  5
    7  8
+   4  9
─────────
```

14)
```
    8  8
    1  7
+   2  0
─────────
```

15)
```
    9  5
    9  4
+   4  9
─────────
```

16)
```
    8  3
    4  2
+   3  8
─────────
```

17)
```
    9  7
    7  6
+   9  1
─────────
```

18)
```
    8  9
    3  1
+   4  4
─────────
```

19)
```
    3  4
    4  7
+   9  2
─────────
```

20)
```
    7  7
    9  5
+   4  1
─────────
```

DAY 48

Adding Three Numbers

1)
```
   8 0
   3 7
 + 2 8
```

2)
```
   5 2
   9 5
 + 7 0
```

3)
```
   9 4
   8 1
 + 4 1
```

4)
```
   7 5
   5 5
 + 4 8
```

5)
```
   2 0
   3 1
 + 1 4
```

6)
```
   4 3
   8 3
 + 2 7
```

7)
```
   7 7
   2 0
 + 5 4
```

8)
```
   3 0
   8 6
 + 9 9
```

9)
```
   4 6
   5 8
 + 8 5
```

10)
```
   6 6
   7 1
 + 9 9
```

11)
```
   4 3
   8 3
 + 4 6
```

12)
```
   2 7
   7 7
 + 9 4
```

13)
```
   1 9
   9 1
 + 9 5
```

14)
```
   3 6
   3 0
 + 3 0
```

15)
```
   3 0
   5 7
 + 9 8
```

16)
```
   9 7
   1 6
 + 4 3
```

17)
```
   7 9
   8 6
 + 8 3
```

18)
```
   5 4
   9 1
 + 6 5
```

19)
```
   1 9
   9 7
 + 3 6
```

20)
```
   2 3
   7 1
 + 2 0
```

DAY 49

Adding Three Numbers

Time :

Score /20

1)
```
    6 5
    3 1
+   1 6
―――――
```

2)
```
    7 8
    8 6
+   2 1
―――――
```

3)
```
    2 4
    2 1
+   6 1
―――――
```

4)
```
    7 2
    6 7
+   9 9
―――――
```

5)
```
    3 9
    8 2
+   6 6
―――――
```

6)
```
    5 1
    3 5
+   4 3
―――――
```

7)
```
    7 1
    1 8
+   1 2
―――――
```

8)
```
    3 4
    8 9
+   4 1
―――――
```

9)
```
    5 2
    3 8
+   6 2
―――――
```

10)
```
    7 0
    6 9
+   4 7
―――――
```

11)
```
    6 5
    4 1
+   3 3
―――――
```

12)
```
    9 7
    8 8
+   9 6
―――――
```

13)
```
    8 9
    9 7
+   3 1
―――――
```

14)
```
    7 3
    4 2
+   1 9
―――――
```

15)
```
    6 9
    6 5
+   5 9
―――――
```

16)
```
    3 6
    3 0
+   5 1
―――――
```

17)
```
    8 9
    8 1
+   1 9
―――――
```

18)
```
    3 8
    1 4
+   6 7
―――――
```

19)
```
    5 9
    1 3
+   5 2
―――――
```

20)
```
    4 6
    7 0
+   2 4
―――――
```

DAY 50

Adding Three Numbers

Time :

Score /20

1)
```
  9 7
  8 0
+ 7 3
-----
```

2)
```
  4 7
  2 2
+ 8 2
-----
```

3)
```
  4 9
  6 2
+ 3 0
-----
```

4)
```
  4 3
  3 7
+ 3 8
-----
```

5)
```
  1 9
  5 5
+ 3 4
-----
```

6)
```
  1 8
  2 7
+ 1 7
-----
```

7)
```
  5 4
  8 8
+ 7 8
-----
```

8)
```
  5 2
  1 4
+ 3 1
-----
```

9)
```
  1 3
  8 2
+ 2 4
-----
```

10)
```
  5 1
  1 2
+ 6 5
-----
```

11)
```
  3 8
  8 4
+ 8 9
-----
```

12)
```
  2 8
  4 4
+ 9 2
-----
```

13)
```
  6 0
  9 0
+ 6 2
-----
```

14)
```
  7 1
  1 9
+ 2 0
-----
```

15)
```
  3 8
  6 7
+ 4 1
-----
```

16)
```
  8 9
  5 9
+ 8 0
-----
```

17)
```
  5 9
  1 6
+ 3 3
-----
```

18)
```
  7 9
  9 8
+ 4 6
-----
```

19)
```
  7 6
  4 3
+ 2 3
-----
```

20)
```
  4 2
  3 3
+ 8 3
-----
```

If you add up the number of letters in the 13 different types of play-
ing cards (ace, two, three, four, five, six, seven, eight, nine, ten, jack,
queen, king) you will find it equals 52 letters, exactly the number of
playing cards in a deck (when you don't include jokers).

I wonder if that was a coincidence, or if the people designing the
cards specifically made the names that way. My nose is twitching at
the scent of another fact-sniffing adventure already!

DAY 51

Double Digit Subtraction

1)
```
    8 9
-   7 7
```

2)
```
    6 8
-   4 9
```

3)
```
    6 8
-   2 8
```

4)
```
    2 8
-   1 4
```

5)
```
    6 1
-   1 2
```

6)
```
    8 3
-   7 9
```

7)
```
    3 8
-   2 4
```

8)
```
    3 7
-   2 9
```

9)
```
    4 9
-   1 4
```

10)
```
    7 7
-   7 0
```

11)
```
    1 9
-   1 1
```

12)
```
    7 6
-   5 9
```

13)
```
    4 5
-   2 6
```

14)
```
    7 3
-   7 1
```

15)
```
    9 2
-   7 6
```

16)
```
    8 4
-   4 5
```

17)
```
    8 2
-   7 5
```

18)
```
    4 7
-   4 2
```

19)
```
    3 7
-   2 2
```

20)
```
    4 0
-   2 8
```

21)
```
    6 5
-   2 1
```

22)
```
    7 4
-   2 0
```

23)
```
    9 3
-   7 1
```

24)
```
    8 3
-   2 2
```

DAY 52

Double Digit Subtraction

Time
:

Score
/24

1)
```
    3  9
-   1  5
```

2)
```
    8  9
-   2  3
```

3)
```
    3  2
-   1  6
```

4)
```
    1  8
-   1  1
```

5)
```
    2  9
-   1  0
```

6)
```
    3  4
-   2  5
```

7)
```
    9  2
-   4  7
```

8)
```
    3  9
-   2  3
```

9)
```
    5  8
-   2  1
```

10)
```
    3  4
-   1  4
```

11)
```
    6  0
-   3  3
```

12)
```
    6  7
-   4  1
```

13)
```
    9  2
-   5  2
```

14)
```
    5  5
-   2  1
```

15)
```
    8  9
-   6  5
```

16)
```
    9  9
-   7  9
```

17)
```
    8  0
-   7  5
```

18)
```
    9  5
-   3  5
```

19)
```
    6  5
-   1  0
```

20)
```
    7  9
-   5  2
```

21)
```
    8  7
-   2  4
```

22)
```
    5  0
-   2  1
```

23)
```
    6  5
-   1  5
```

24)
```
    8  2
-   1  3
```

DAY 53

Double Digit Subtraction

1)
```
   7 9
-  5 6
_____
```

2)
```
   4 2
-  3 1
_____
```

3)
```
   8 4
-  7 2
_____
```

4)
```
   8 9
-  6 8
_____
```

5)
```
   9 6
-  7 7
_____
```

6)
```
   8 4
-  2 6
_____
```

7)
```
   8 6
-  1 0
_____
```

8)
```
   7 0
-  5 8
_____
```

9)
```
   6 8
-  3 4
_____
```

10)
```
   8 2
-  7 2
_____
```

11)
```
   9 4
-  4 7
_____
```

12)
```
   6 2
-  4 0
_____
```

13)
```
   3 2
-  3 1
_____
```

14)
```
   5 2
-  3 4
_____
```

15)
```
   9 0
-  3 8
_____
```

16)
```
   8 9
-  2 7
_____
```

17)
```
   7 2
-  5 1
_____
```

18)
```
   1 7
-  1 1
_____
```

19)
```
   9 2
-  4 4
_____
```

20)
```
   9 5
-  3 5
_____
```

21)
```
   8 6
-  7 4
_____
```

22)
```
   3 9
-  1 6
_____
```

23)
```
   8 7
-  5 3
_____
```

24)
```
   1 4
-  1 1
_____
```

DAY 54

Double Digit Subtraction

1)
```
   9  6
-  7  5
```

2)
```
   3  2
-  2  4
```

3)
```
   8  7
-  3  2
```

4)
```
   7  4
-  6  0
```

5)
```
   7  7
-  4  9
```

6)
```
   7  1
-  5  3
```

7)
```
   7  8
-  7  2
```

8)
```
   9  3
-  3  0
```

9)
```
   8  4
-  7  2
```

10)
```
   9  4
-  6  4
```

11)
```
   9  3
-  9  3
```

12)
```
   9  9
-  3  7
```

13)
```
   7  3
-  1  8
```

14)
```
   5  2
-  4  5
```

15)
```
   9  7
-  3  7
```

16)
```
   6  0
-  2  0
```

17)
```
   3  3
-  1  1
```

18)
```
   8  0
-  7  4
```

19)
```
   7  4
-  7  4
```

20)
```
   5  3
-  1  9
```

21)
```
   9  9
-  1  7
```

22)
```
   8  7
-  1  3
```

23)
```
   7  9
-  3  9
```

24)
```
   9  6
-  7  8
```

DAY 55

Double Digit Subtraction

Time :

Score

/24

1)
```
    8  2
-   1  5
```

2)
```
    3  9
-   2  2
```

3)
```
    4  7
-   3  2
```

4)
```
    8  4
-   2  7
```

5)
```
    5  9
-   3  5
```

6)
```
    2  1
-   1  9
```

7)
```
    8  6
-   2  1
```

8)
```
    7  9
-   5  8
```

9)
```
    9  4
-   8  6
```

10)
```
    8  9
-   1  2
```

11)
```
    8  9
-   7  7
```

12)
```
    8  2
-   7  8
```

13)
```
    6  4
-   2  0
```

14)
```
    3  7
-   3  5
```

15)
```
    8  9
-   6  6
```

16)
```
    9  0
-   2  5
```

17)
```
    9  2
-   5  1
```

18)
```
    5  4
-   4  3
```

19)
```
    9  5
-   3  6
```

20)
```
    7  4
-   6  7
```

21)
```
    4  5
-   3  1
```

22)
```
    9  1
-   8  6
```

23)
```
    3  4
-   1  5
```

24)
```
    8  4
-   4  8
```

DAY 56

Double Digit Subtraction

1)
```
   9 6
-  5 8
```

2)
```
   9 6
-  3 8
```

3)
```
   5 8
-  2 7
```

4)
```
   8 9
-  5 8
```

5)
```
   7 1
-  3 7
```

6)
```
   5 0
-  1 4
```

7)
```
   8 9
-  8 2
```

8)
```
   6 6
-  2 0
```

9)
```
   5 7
-  2 8
```

10)
```
   7 9
-  3 4
```

11)
```
   8 1
-  4 9
```

12)
```
   6 3
-  3 6
```

13)
```
   6 1
-  2 9
```

14)
```
   9 5
-  1 3
```

15)
```
   8 2
-  1 6
```

16)
```
   9 2
-  6 8
```

17)
```
   7 1
-  3 8
```

18)
```
   9 1
-  4 9
```

19)
```
   8 8
-  2 7
```

20)
```
   5 1
-  3 2
```

21)
```
   8 0
-  4 6
```

22)
```
   2 4
-  2 3
```

23)
```
   9 7
-  3 4
```

24)
```
   2 0
-  1 1
```

DAY 57

Double Digit Subtraction

Time :

Score /24

1)
```
   9 6
-  5 8
-------
```

2)
```
   4 1
-  2 2
-------
```

3)
```
   9 0
-  7 7
-------
```

4)
```
   3 7
-  1 8
-------
```

5)
```
   7 6
-  2 4
-------
```

6)
```
   5 0
-  2 3
-------
```

7)
```
   9 3
-  6 1
-------
```

8)
```
   6 7
-  3 4
-------
```

9)
```
   9 7
-  2 5
-------
```

10)
```
   7 4
-  4 9
-------
```

11)
```
   9 1
-  6 6
-------
```

12)
```
   5 2
-  3 9
-------
```

13)
```
   9 4
-  2 7
-------
```

14)
```
   5 3
-  2 2
-------
```

15)
```
   7 3
-  3 5
-------
```

16)
```
   7 2
-  2 7
-------
```

17)
```
   4 4
-  4 1
-------
```

18)
```
   9 3
-  2 5
-------
```

19)
```
   7 1
-  1 8
-------
```

20)
```
   5 3
-  4 3
-------
```

21)
```
   9 0
-  4 5
-------
```

22)
```
   8 9
-  3 1
-------
```

23)
```
   6 2
-  2 5
-------
```

24)
```
   7 8
-  3 0
-------
```

DAY 58

Double Digit Subtraction

1)
```
   6 3
 - 3 6
```

2)
```
   8 3
 - 7 2
```

3)
```
   9 1
 - 4 4
```

4)
```
   7 4
 - 1 9
```

5)
```
   7 2
 - 5 3
```

6)
```
   9 2
 - 8 3
```

7)
```
   8 8
 - 2 6
```

8)
```
   8 4
 - 2 2
```

9)
```
   7 7
 - 4 7
```

10)
```
   5 0
 - 4 5
```

11)
```
   6 8
 - 3 5
```

12)
```
   6 2
 - 1 5
```

13)
```
   9 9
 - 5 3
```

14)
```
   8 7
 - 6 6
```

15)
```
   6 9
 - 5 9
```

16)
```
   7 2
 - 5 8
```

17)
```
   6 8
 - 1 2
```

18)
```
   3 3
 - 3 2
```

19)
```
   8 2
 - 3 2
```

20)
```
   7 5
 - 7 0
```

21)
```
   8 7
 - 7 0
```

22)
```
   9 8
 - 9 7
```

23)
```
   9 5
 - 5 9
```

24)
```
   8 0
 - 7 8
```

DAY 59
Double Digit Subtraction

1)
```
    3   1
-   1   7
```

2)
```
    7   2
-   6   4
```

3)
```
    9   3
-   6   1
```

4)
```
    4   4
-   1   3
```

5)
```
    9   9
-   8   3
```

6)
```
    7   9
-   7   6
```

7)
```
    4   8
-   1   1
```

8)
```
    4   2
-   1   3
```

9)
```
    8   3
-   7   7
```

10)
```
    5   2
-   4   4
```

11)
```
    8   0
-   4   5
```

12)
```
    8   0
-   2   2
```

13)
```
    8   0
-   3   4
```

14)
```
    8   8
-   2   5
```

15)
```
    9   3
-   1   5
```

16)
```
    9   6
-   4   6
```

17)
```
    8   4
-   4   9
```

18)
```
    6   2
-   4   9
```

19)
```
    6   0
-   2   2
```

20)
```
    2   3
-   2   3
```

21)
```
    1   9
-   1   7
```

22)
```
    9   5
-   2   9
```

23)
```
    4   7
-   3   0
```

24)
```
    8   6
-   8   2
```

DAY 60

Double Digit Subtraction

1)
```
   9 4
 - 4 3
```

2)
```
   6 1
 - 1 4
```

3)
```
   7 3
 - 4 6
```

4)
```
   9 3
 - 3 7
```

5)
```
   9 5
 - 5 0
```

6)
```
   3 3
 - 2 1
```

7)
```
   5 9
 - 1 0
```

8)
```
   3 9
 - 2 4
```

9)
```
   3 7
 - 1 0
```

10)
```
   2 8
 - 1 9
```

11)
```
   5 9
 - 5 8
```

12)
```
   5 3
 - 3 3
```

13)
```
   2 4
 - 1 2
```

14)
```
   9 9
 - 8 2
```

15)
```
   8 2
 - 7 8
```

16)
```
   4 7
 - 1 6
```

17)
```
   2 9
 - 1 7
```

18)
```
   2 1
 - 1 9
```

19)
```
   6 6
 - 4 9
```

20)
```
   7 9
 - 5 5
```

21)
```
   6 5
 - 3 1
```

22)
```
   4 9
 - 2 1
```

23)
```
   3 4
 - 1 9
```

24)
```
   9 4
 - 2 0
```

ONE OF THE MOST AN-CIENT COUNTING TOOLS IS CALLED AN ABACUS.

There are many different designs for these throughout ancient history and depending on where in the world you look. They range from ancient Greece, Rome, China, Japan, and Egypt. They involve a system of counting using beads on rods, where the beads each have a value assigned to them and, as they are pushed to different ends of the rods, are added or removed from the counting process. One of the earliest indications of a type of abacus goes all the way back to 2700 BC in Mesopotamia!

DAY 61
Double Digit Subtraction

1)
```
   9 1
-  7 3
-------
```

2)
```
   8 5
-  3 3
-------
```

3)
```
   6 8
-  1 3
-------
```

4)
```
   9 3
-  7 9
-------
```

5)
```
   4 9
-  2 4
-------
```

6)
```
   9 5
-  9 1
-------
```

7)
```
   8 0
-  2 1
-------
```

8)
```
   7 1
-  2 8
-------
```

9)
```
   6 5
-  3 3
-------
```

10)
```
   8 5
-  2 4
-------
```

11)
```
   2 8
-  2 1
-------
```

12)
```
   8 9
-  5 7
-------
```

13)
```
   5 0
-  2 3
-------
```

14)
```
   5 3
-  4 1
-------
```

15)
```
   8 5
-  4 7
-------
```

16)
```
   1 9
-  1 0
-------
```

17)
```
   6 9
-  1 4
-------
```

18)
```
   9 8
-  2 8
-------
```

19)
```
   4 6
-  3 3
-------
```

20)
```
   9 7
-  5 1
-------
```

21)
```
   7 8
-  6 4
-------
```

22)
```
   9 0
-  7 8
-------
```

23)
```
   8 8
-  7 9
-------
```

24)
```
   1 8
-  1 6
-------
```

DAY 62

Double Digit Subtraction

1)
```
    7  9
-   1  5
```

2)
```
    7  1
-   1  6
```

3)
```
    7  0
-   5  7
```

4)
```
    9  1
-   6  0
```

5)
```
    8  9
-   3  0
```

6)
```
    8  0
-   6  2
```

7)
```
    9  9
-   1  9
```

8)
```
    8  5
-   6  4
```

9)
```
    8  4
-   3  9
```

10)
```
    9  0
-   6  8
```

11)
```
    6  0
-   5  6
```

12)
```
    3  1
-   2  2
```

13)
```
    9  8
-   8  1
```

14)
```
    8  4
-   6  1
```

15)
```
    2  7
-   2  1
```

16)
```
    7  2
-   3  9
```

17)
```
    5  3
-   4  7
```

18)
```
    6  9
-   3  7
```

19)
```
    8  3
-   4  2
```

20)
```
    6  6
-   2  3
```

21)
```
    6  5
-   2  3
```

22)
```
    3  0
-   2  3
```

23)
```
    7  7
-   7  2
```

24)
```
    9  4
-   5  1
```

DAY 63

Double Digit Subtraction

1)
```
    4  9
-   2  8
```

2)
```
    7  4
-   3  2
```

3)
```
    9  5
-   9  3
```

4)
```
    9  7
-   1  6
```

5)
```
    6  6
-   4  6
```

6)
```
    3  5
-   3  0
```

7)
```
    7  8
-   2  1
```

8)
```
    9  3
-   5  9
```

9)
```
    5  3
-   5  1
```

10)
```
    9  2
-   5  8
```

11)
```
    4  8
-   3  8
```

12)
```
    6  4
-   3  1
```

13)
```
    4  3
-   2  2
```

14)
```
    7  2
-   2  4
```

15)
```
    8  9
-   5  7
```

16)
```
    9  9
-   7  6
```

17)
```
    9  9
-   4  1
```

18)
```
    8  7
-   4  7
```

19)
```
    9  6
-   4  1
```

20)
```
    8  1
-   1  1
```

21)
```
    8  8
-   1  9
```

22)
```
    6  7
-   4  9
```

23)
```
    9  5
-   3  1
```

24)
```
    9  1
-   5  3
```

DAY 64

Double Digit Subtraction

1)
```
    9  8
-   2  6
```

2)
```
    4  2
-   1  1
```

3)
```
    3  9
-   2  0
```

4)
```
    9  4
-   9  2
```

5)
```
    9  1
-   7  9
```

6)
```
    3  3
-   1  5
```

7)
```
    4  3
-   2  1
```

8)
```
    6  9
-   1  0
```

9)
```
    6  8
-   4  2
```

10)
```
    5  4
-   5  4
```

11)
```
    8  4
-   7  3
```

12)
```
    3  9
-   2  5
```

13)
```
    3  4
-   1  8
```

14)
```
    5  0
-   1  1
```

15)
```
    6  9
-   4  5
```

16)
```
    8  4
-   5  8
```

17)
```
    5  2
-   1  2
```

18)
```
    9  2
-   8  7
```

19)
```
    9  1
-   8  1
```

20)
```
    9  8
-   3  0
```

21)
```
    4  5
-   3  0
```

22)
```
    9  2
-   5  3
```

23)
```
    7  8
-   6  4
```

24)
```
    6  2
-   5  1
```

DAY 65

Double Digit Subtraction

1)
```
    3 9
-   1 7
```

2)
```
    6 2
-   3 0
```

3)
```
    6 8
-   6 1
```

4)
```
    9 7
-   7 2
```

5)
```
    7 2
-   4 2
```

6)
```
    3 1
-   1 9
```

7)
```
    6 3
-   5 2
```

8)
```
    7 5
-   1 1
```

9)
```
    3 8
-   1 0
```

10)
```
    3 8
-   1 4
```

11)
```
    6 6
-   1 5
```

12)
```
    7 5
-   4 6
```

13)
```
    5 6
-   5 0
```

14)
```
    5 9
-   1 2
```

15)
```
    9 0
-   6 0
```

16)
```
    8 2
-   6 5
```

17)
```
    7 2
-   2 4
```

18)
```
    9 5
-   4 6
```

19)
```
    9 1
-   7 4
```

20)
```
    7 8
-   4 0
```

21)
```
    3 1
-   1 1
```

22)
```
    8 7
-   4 9
```

23)
```
    4 2
-   2 9
```

24)
```
    6 4
-   3 8
```

DAY 66

Double Digit Subtraction

Time :
Score /24

1)
```
   2 5
-  1 3
------
```

2)
```
   7 1
-  5 3
------
```

3)
```
   8 0
-  6 3
------
```

4)
```
   8 7
-  5 0
------
```

5)
```
   5 7
-  5 0
------
```

6)
```
   7 0
-  6 1
------
```

7)
```
   8 8
-  3 7
------
```

8)
```
   5 9
-  2 6
------
```

9)
```
   9 8
-  6 7
------
```

10)
```
   3 9
-  3 1
------
```

11)
```
   9 1
-  6 6
------
```

12)
```
   7 8
-  3 3
------
```

13)
```
   6 5
-  4 6
------
```

14)
```
   6 0
-  1 3
------
```

15)
```
   4 0
-  2 4
------
```

16)
```
   7 9
-  5 6
------
```

17)
```
   9 4
-  5 8
------
```

18)
```
   8 6
-  6 9
------
```

19)
```
   6 7
-  4 6
------
```

20)
```
   7 1
-  2 7
------
```

21)
```
   3 3
-  1 2
------
```

22)
```
   9 6
-  3 5
------
```

23)
```
   4 0
-  1 8
------
```

24)
```
   4 0
-  3 6
------
```

DAY 67

Double Digit Subtraction

Time
:

Score
/24

1)
```
    4  7
-   3  3
_____
```

2)
```
    7  3
-   6  7
_____
```

3)
```
    6  0
-   2  5
_____
```

4)
```
    8  2
-   2  9
_____
```

5)
```
    6  9
-   4  6
_____
```

6)
```
    7  0
-   5  1
_____
```

7)
```
    8  7
-   6  7
_____
```

8)
```
    9  9
-   1  9
_____
```

9)
```
    5  4
-   5  0
_____
```

10)
```
    7  8
-   1  7
_____
```

11)
```
    9  6
-   8  7
_____
```

12)
```
    6  2
-   3  2
_____
```

13)
```
    9  1
-   7  6
_____
```

14)
```
    9  6
-   4  4
_____
```

15)
```
    7  2
-   3  8
_____
```

16)
```
    9  3
-   3  4
_____
```

17)
```
    4  4
-   4  2
_____
```

18)
```
    6  8
-   1  0
_____
```

19)
```
    7  6
-   2  6
_____
```

20)
```
    7  9
-   4  8
_____
```

21)
```
    6  6
-   3  5
_____
```

22)
```
    8  5
-   1  8
_____
```

23)
```
    8  9
-   1  0
_____
```

24)
```
    4  5
-   1  3
_____
```

DAY 68
Double Digit Subtraction

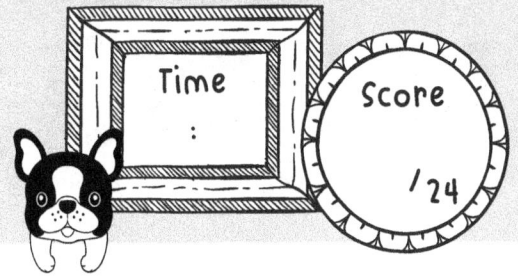

1)
```
    8  6
-   5  7
```

2)
```
    9  0
-   7  1
```

3)
```
    3  0
-   1  3
```

4)
```
    5  5
-   3  0
```

5)
```
    5  5
-   4  9
```

6)
```
    4  8
-   1  9
```

7)
```
    8  8
-   4  8
```

8)
```
    9  9
-   8  1
```

9)
```
    7  9
-   3  5
```

10)
```
    5  8
-   4  2
```

11)
```
    8  5
-   5  4
```

12)
```
    3  5
-   1  8
```

13)
```
    7  1
-   1  6
```

14)
```
    8  5
-   7  6
```

15)
```
    2  0
-   1  4
```

16)
```
    2  7
-   1  3
```

17)
```
    7  5
-   2  8
```

18)
```
    8  1
-   1  1
```

19)
```
    6  6
-   2  3
```

20)
```
    8  8
-   8  0
```

21)
```
    2  0
-   1  1
```

22)
```
    8  3
-   2  7
```

23)
```
    9  9
-   5  4
```

24)
```
    3  6
-   2  9
```

DAY 69

Double Digit Subtraction

Time
:

Score
/24

1)
```
   7 9
-  4 2
```

2)
```
   9 8
-  8 8
```

3)
```
   4 9
-  4 0
```

4)
```
   4 1
-  3 5
```

5)
```
   8 1
-  3 9
```

6)
```
   7 0
-  6 8
```

7)
```
   8 1
-  4 5
```

8)
```
   9 0
-  2 1
```

9)
```
   7 5
-  4 6
```

10)
```
   7 3
-  4 7
```

11)
```
   7 3
-  1 7
```

12)
```
   8 5
-  1 4
```

13)
```
   7 1
-  3 0
```

14)
```
   9 5
-  8 6
```

15)
```
   9 7
-  3 8
```

16)
```
   9 9
-  2 1
```

17)
```
   9 4
-  4 9
```

18)
```
   9 5
-  8 8
```

19)
```
   7 4
-  5 8
```

20)
```
   9 5
-  4 9
```

21)
```
   7 1
-  6 0
```

22)
```
   6 0
-  5 2
```

23)
```
   7 4
-  2 4
```

24)
```
   6 2
-  5 3
```

DAY 70
Double Digit Subtraction

1)
```
    7 9
-   5 8
```

2)
```
    3 6
-   2 9
```

3)
```
    5 5
-   2 5
```

4)
```
    2 3
-   1 4
```

5)
```
    6 3
-   4 7
```

6)
```
    9 6
-   8 8
```

7)
```
    6 1
-   3 2
```

8)
```
    7 4
-   3 2
```

9)
```
    9 4
-   3 9
```

10)
```
    2 7
-   1 2
```

11)
```
    6 8
-   3 4
```

12)
```
    9 6
-   7 2
```

13)
```
    7 1
-   4 5
```

14)
```
    3 5
-   1 7
```

15)
```
    5 4
-   4 8
```

16)
```
    7 1
-   6 0
```

17)
```
    8 6
-   4 3
```

18)
```
    8 7
-   1 9
```

19)
```
    7 6
-   3 0
```

20)
```
    8 5
-   6 0
```

21)
```
    9 4
-   3 7
```

22)
```
    8 8
-   2 9
```

23)
```
    8 4
-   2 7
```

24)
```
    2 8
-   2 2
```

DAY 71
Double Digit Subtraction

1)
```
   5 5
-  1 9
-------
```

2)
```
   4 1
-  2 9
-------
```

3)
```
   6 6
-  3 9
-------
```

4)
```
   6 9
-  2 8
-------
```

5)
```
   9 2
-  3 8
-------
```

6)
```
   9 6
-  3 7
-------
```

7)
```
   6 2
-  6 2
-------
```

8)
```
   9 9
-  4 9
-------
```

9)
```
   7 7
-  1 0
-------
```

10)
```
   9 4
-  4 6
-------
```

11)
```
   8 8
-  1 5
-------
```

12)
```
   8 2
-  6 8
-------
```

13)
```
   9 4
-  3 3
-------
```

14)
```
   4 9
-  4 6
-------
```

15)
```
   6 4
-  2 7
-------
```

16)
```
   5 2
-  1 1
-------
```

17)
```
   7 1
-  4 5
-------
```

18)
```
   6 7
-  1 8
-------
```

19)
```
   7 8
-  4 8
-------
```

20)
```
   9 0
-  7 2
-------
```

21)
```
   9 3
-  2 7
-------
```

22)
```
   7 4
-  5 5
-------
```

23)
```
   7 9
-  2 4
-------
```

24)
```
   1 9
-  1 4
-------
```

DAY 72

Double Digit Subtraction

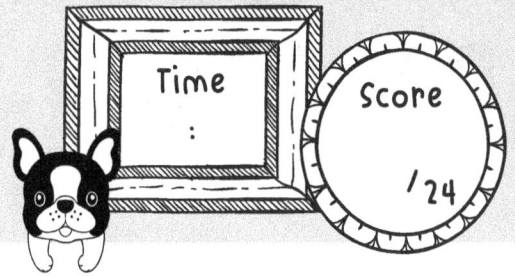

1)
```
   9 1
-  4 1
```

2)
```
   8 6
-  2 8
```

3)
```
   6 3
-  2 0
```

4)
```
   2 8
-  1 5
```

5)
```
   3 6
-  2 5
```

6)
```
   7 9
-  3 0
```

7)
```
   9 5
-  1 7
```

8)
```
   5 8
-  1 1
```

9)
```
   6 3
-  4 7
```

10)
```
   6 3
-  5 4
```

11)
```
   8 2
-  2 3
```

12)
```
   1 8
-  1 6
```

13)
```
   9 5
-  6 7
```

14)
```
   8 8
-  3 5
```

15)
```
   2 7
-  1 6
```

16)
```
   5 3
-  2 3
```

17)
```
   9 6
-  7 4
```

18)
```
   6 5
-  1 6
```

19)
```
   4 5
-  2 6
```

20)
```
   4 1
-  1 4
```

21)
```
   9 0
-  7 4
```

22)
```
   7 3
-  2 7
```

23)
```
   8 1
-  2 4
```

24)
```
   5 3
-  4 0
```

DAY 73

Double Digit Subtraction

1)
```
   9 0
 - 8 1
 ─────
```

2)
```
   4 8
 - 1 6
 ─────
```

3)
```
   8 8
 - 3 7
 ─────
```

4)
```
   9 8
 - 5 5
 ─────
```

5)
```
   8 8
 - 2 8
 ─────
```

6)
```
   7 5
 - 6 6
 ─────
```

7)
```
   6 3
 - 2 3
 ─────
```

8)
```
   7 4
 - 6 5
 ─────
```

9)
```
   9 8
 - 1 5
 ─────
```

10)
```
   6 1
 - 6 0
 ─────
```

11)
```
   6 9
 - 1 2
 ─────
```

12)
```
   2 8
 - 1 8
 ─────
```

13)
```
   6 2
 - 2 0
 ─────
```

14)
```
   8 6
 - 6 0
 ─────
```

15)
```
   9 3
 - 3 2
 ─────
```

16)
```
   3 0
 - 1 0
 ─────
```

17)
```
   6 1
 - 5 8
 ─────
```

18)
```
   9 5
 - 1 4
 ─────
```

19)
```
   4 4
 - 3 8
 ─────
```

20)
```
   2 0
 - 1 8
 ─────
```

21)
```
   9 8
 - 7 4
 ─────
```

22)
```
   9 1
 - 1 3
 ─────
```

23)
```
   9 4
 - 1 7
 ─────
```

24)
```
   5 4
 - 1 7
 ─────
```

DAY 74

Double Digit Subtraction

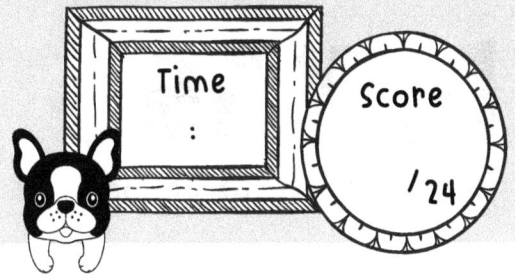

1)
$$\begin{array}{r} 71 \\ - 36 \\ \hline \end{array}$$

2)
$$\begin{array}{r} 98 \\ - 54 \\ \hline \end{array}$$

3)
$$\begin{array}{r} 63 \\ - 12 \\ \hline \end{array}$$

4)
$$\begin{array}{r} 58 \\ - 38 \\ \hline \end{array}$$

5)
$$\begin{array}{r} 58 \\ - 32 \\ \hline \end{array}$$

6)
$$\begin{array}{r} 55 \\ - 51 \\ \hline \end{array}$$

7)
$$\begin{array}{r} 22 \\ - 15 \\ \hline \end{array}$$

8)
$$\begin{array}{r} 73 \\ - 64 \\ \hline \end{array}$$

9)
$$\begin{array}{r} 68 \\ - 53 \\ \hline \end{array}$$

10)
$$\begin{array}{r} 31 \\ - 10 \\ \hline \end{array}$$

11)
$$\begin{array}{r} 74 \\ - 24 \\ \hline \end{array}$$

12)
$$\begin{array}{r} 67 \\ - 43 \\ \hline \end{array}$$

13)
$$\begin{array}{r} 52 \\ - 45 \\ \hline \end{array}$$

14)
$$\begin{array}{r} 43 \\ - 43 \\ \hline \end{array}$$

15)
$$\begin{array}{r} 84 \\ - 58 \\ \hline \end{array}$$

16)
$$\begin{array}{r} 55 \\ - 22 \\ \hline \end{array}$$

17)
$$\begin{array}{r} 38 \\ - 16 \\ \hline \end{array}$$

18)
$$\begin{array}{r} 76 \\ - 45 \\ \hline \end{array}$$

19)
$$\begin{array}{r} 47 \\ - 10 \\ \hline \end{array}$$

20)
$$\begin{array}{r} 62 \\ - 37 \\ \hline \end{array}$$

21)
$$\begin{array}{r} 60 \\ - 25 \\ \hline \end{array}$$

22)
$$\begin{array}{r} 96 \\ - 85 \\ \hline \end{array}$$

23)
$$\begin{array}{r} 72 \\ - 23 \\ \hline \end{array}$$

24)
$$\begin{array}{r} 35 \\ - 23 \\ \hline \end{array}$$

DAY 75

Double Digit Subtraction

1)

	7	0
−	5	1

2)

	5	6
−	4	7

3)

	6	6
−	4	2

4)

	6	7
−	3	2

5)

	5	5
−	2	9

6)

	2	7
−	1	6

7)

	5	6
−	4	7

8)

	9	0
−	2	6

9)

	4	9
−	4	1

10)

	8	1
−	6	5

11)

	7	2
−	6	7

12)

	8	0
−	1	9

13)

	5	5
−	1	4

14)

	9	4
−	5	6

15)

	7	5
−	5	1

16)

	8	1
−	2	9

17)

	7	3
−	2	7

18)

	8	5
−	1	4

19)

	8	7
−	3	9

20)

	2	8
−	1	6

21)

	9	0
−	2	5

22)

	5	6
−	3	5

23)

	9	3
−	3	5

24)

	6	7
−	2	5

EVER ROLL A DIE AND WONDER WHAT WAS ON THE OTHER SIDE OF YOUR ROLL?

Subtract your roll from 7 to find the answer. The numbers on opposite sides of a die will always add up to 7.

Rolled a 4? 7 - 4 = 3! Rolled a 2? 7 - 2 = 5! Many times playing Monopoly I have rolled the dice and wished that it was on another number, and now I know what would be on the other side.

DAY 76

Triple Digit Subtraction

Time :

Score

/18

1)
```
    9  3  5
-   4  9  3
```

2)
```
    8  7  2
-   6  1  7
```

3)
```
    8  5  4
-   6  6  5
```

4)
```
    9  3  0
-   5  2  1
```

5)
```
    5  9  3
-   4  6  4
```

6)
```
    1  5  0
-   1  0  9
```

7)
```
    7  2  7
-   2  0  0
```

8)
```
    8  3  9
-   2  1  0
```

9)
```
    4  3  6
-   3  4  3
```

10)
```
    7  6  7
-   4  5  8
```

11)
```
    3  9  3
-   2  7  7
```

12)
```
    8  9  9
-   8  3  3
```

13)
```
    4  6  0
-   3  8  1
```

14)
```
    7  1  2
-   1  5  7
```

15)
```
    4  4  4
-   3  3  3
```

16)
```
    5  9  7
-   5  1  6
```

17)
```
    5  2  6
-   1  9  9
```

18)
```
    6  8  5
-   5  0  2
```

DAY 77
Triple Digit Subtraction

1)
```
   9  9  7
-  1  6  8
```

2)
```
   4  3  3
-  1  4  4
```

3)
```
   9  9  6
-  6  7  9
```

4)
```
   4  6  2
-  4  5  6
```

5)
```
   7  1  6
-  4  1  4
```

6)
```
   9  4  6
-  5  7  8
```

7)
```
   6  6  8
-  6  4  7
```

8)
```
   5  0  0
-  4  4  9
```

9)
```
   4  8  5
-  4  5  2
```

10)
```
   9  2  7
-  3  1  8
```

11)
```
   3  9  9
-  3  0  9
```

12)
```
   7  6  3
-  6  9  2
```

13)
```
   4  2  5
-  3  7  8
```

14)
```
   3  6  8
-  3  3  0
```

15)
```
   9  4  8
-  9  2  5
```

16)
```
   8  2  7
-  4  2  2
```

17)
```
   7  3  2
-  5  2  9
```

18)
```
   5  8  2
-  5  6  2
```

DAY 78

Triple Digit Subtraction

1)
```
    8  8  1
-   8  2  8
_____
```

2)
```
    8  9  1
-   6  3  3
_____
```

3)
```
    6  2  0
-   5  2  2
_____
```

4)
```
    7  7  2
-   1  1  1
_____
```

5)
```
    4  5  3
-   4  3  8
_____
```

6)
```
    8  2  9
-   6  3  5
_____
```

7)
```
    5  1  3
-   3  3  8
_____
```

8)
```
    9  0  3
-   5  3  5
_____
```

9)
```
    4  8  6
-   2  6  7
_____
```

10)
```
    7  2  5
-   2  3  1
_____
```

11)
```
    8  2  8
-   4  8  1
_____
```

12)
```
    6  8  0
-   6  0  6
_____
```

13)
```
    3  6  4
-   3  5  2
_____
```

14)
```
    8  9  3
-   8  4  5
_____
```

15)
```
    5  7  7
-   1  6  5
_____
```

16)
```
    3  4  1
-   1  2  3
_____
```

17)
```
    8  3  0
-   5  9  3
_____
```

18)
```
    7  6  0
-   5  7  7
_____
```

DAY 79

Triple Digit Subtraction

1)
```
    9 8 5
-   4 5 1
```

2)
```
    9 3 4
-   1 2 1
```

3)
```
    3 5 6
-   1 7 9
```

4)
```
    2 7 7
-   1 5 5
```

5)
```
    8 5 0
-   8 4 0
```

6)
```
    5 0 2
-   4 1 4
```

7)
```
    8 6 3
-   4 3 9
```

8)
```
    5 2 0
-   1 1 2
```

9)
```
    3 2 3
-   2 5 5
```

10)
```
    7 8 7
-   6 1 7
```

11)
```
    9 9 0
-   4 3 9
```

12)
```
    9 0 9
-   5 3 1
```

13)
```
    4 1 9
-   1 7 3
```

14)
```
    8 7 7
-   8 5 6
```

15)
```
    9 0 5
-   1 9 8
```

16)
```
    8 7 4
-   5 3 4
```

17)
```
    6 3 2
-   3 0 0
```

18)
```
    7 6 4
-   7 2 8
```

DAY 80

Triple Digit Subtraction

Time :

Score /18

1)
```
    7   4   1
-   4   6   9
```

2)
```
    4   5   7
-   2   5   1
```

3)
```
    6   5   3
-   2   6   9
```

4)
```
    4   5   9
-   1   6   6
```

5)
```
    9   9   2
-   6   0   0
```

6)
```
    6   4   7
-   4   4   4
```

7)
```
    7   0   9
-   6   1   8
```

8)
```
    8   4   8
-   4   6   1
```

9)
```
    5   0   8
-   3   5   4
```

10)
```
    8   5   3
-   8   1   2
```

11)
```
    4   3   7
-   1   6   5
```

12)
```
    6   5   2
-   4   8   6
```

13)
```
    8   9   4
-   1   7   5
```

14)
```
    7   0   8
-   3   8   6
```

15)
```
    9   7   5
-   8   2   7
```

16)
```
    4   6   5
-   4   3   1
```

17)
```
    4   1   9
-   2   8   0
```

18)
```
    9   6   9
-   6   4   7
```

DAY 81
Triple Digit Subtraction

1)
```
    4  9  3
 -  3  4  3
```

2)
```
    6  0  6
 -  3  2  9
```

3)
```
    9  8  2
 -  8  0  9
```

4)
```
    4  1  3
 -  3  1  9
```

5)
```
    9  0  0
 -  5  7  5
```

6)
```
    6  7  2
 -  3  9  0
```

7)
```
    4  9  6
 -  4  3  7
```

8)
```
    2  8  4
 -  2  6  3
```

9)
```
    5  6  2
 -  2  2  2
```

10)
```
    9  7  3
 -  1  3  5
```

11)
```
    9  7  0
 -  2  4  0
```

12)
```
    8  8  6
 -  8  0  0
```

13)
```
    6  8  1
 -  2  7  7
```

14)
```
    6  3  2
 -  1  0  0
```

15)
```
    7  3  9
 -  1  9  0
```

16)
```
    4  2  4
 -  2  5  7
```

17)
```
    4  2  8
 -  2  4  6
```

18)
```
    6  7  7
 -  1  4  3
```

DAY 82

Triple Digit Subtraction

Time
:

Score

/ 18

1)
```
   8  5  6
-  3  8  4
_____
```

2)
```
   5  9  0
-  3  9  5
_____
```

3)
```
   5  7  6
-  2  3  2
_____
```

4)
```
   6  4  8
-  1  9  7
_____
```

5)
```
   4  6  0
-  2  0  1
_____
```

6)
```
   6  3  0
-  2  2  5
_____
```

7)
```
   3  4  7
-  1  1  5
_____
```

8)
```
   3  8  9
-  1  0  7
_____
```

9)
```
   6  5  4
-  1  9  6
_____
```

10)
```
   4  8  9
-  3  9  6
_____
```

11)
```
   6  5  2
-  1  0  9
_____
```

12)
```
   4  8  1
-  2  6  5
_____
```

13)
```
   9  7  5
-  6  5  0
_____
```

14)
```
   7  4  1
-  6  3  5
_____
```

15)
```
   6  1  0
-  2  6  2
_____
```

16)
```
   9  1  5
-  3  2  8
_____
```

17)
```
   9  7  4
-  5  9  3
_____
```

18)
```
   8  1  3
-  7  7  2
_____
```

DAY 83

Triple Digit Subtraction

1)
```
    8  8  5
-   8  7  4
_____
```

2)
```
    9  8  8
-   6  2  0
_____
```

3)
```
    6  0  8
-   1  3  5
_____
```

4)
```
    8  0  4
-   1  9  2
_____
```

5)
```
    3  4  5
-   3  3  4
_____
```

6)
```
    6  9  0
-   4  5  4
_____
```

7)
```
    6  2  8
-   3  8  4
_____
```

8)
```
    6  8  7
-   4  0  0
_____
```

9)
```
    7  3  1
-   2  8  0
_____
```

10)
```
    9  9  0
-   4  7  3
_____
```

11)
```
    6  8  2
-   4  3  7
_____
```

12)
```
    5  2  5
-   4  4  5
_____
```

13)
```
    9  0  0
-   2  9  0
_____
```

14)
```
    9  5  3
-   7  8  1
_____
```

15)
```
    3  8  0
-   2  0  9
_____
```

16)
```
    8  4  3
-   5  9  8
_____
```

17)
```
    7  2  8
-   6  9  3
_____
```

18)
```
    9  8  2
-   3  2  0
_____
```

DAY 84
Triple Digit Subtraction

1)
```
    4  4  0
-   1  1  5
_____
```

2)
```
    9  4  1
-   1  3  4
_____
```

3)
```
    5  5  5
-   2  6  8
_____
```

4)
```
    7  0  5
-   2  7  8
_____
```

5)
```
    9  0  1
-   7  4  2
_____
```

6)
```
    8  8  6
-   8  1  3
_____
```

7)
```
    1  9  9
-   1  0  7
_____
```

8)
```
    8  9  1
-   7  0  0
_____
```

9)
```
    7  3  7
-   3  6  1
_____
```

10)
```
    9  8  8
-   7  8  3
_____
```

11)
```
    8  3  0
-   8  0  6
_____
```

12)
```
    7  8  8
-   1  3  7
_____
```

13)
```
    5  8  2
-   3  3  9
_____
```

14)
```
    6  1  5
-   3  8  6
_____
```

15)
```
    9  7  4
-   1  0  2
_____
```

16)
```
    6  1  4
-   4  5  6
_____
```

17)
```
    8  7  8
-   1  8  4
_____
```

18)
```
    6  7  7
-   4  6  4
_____
```

DAY 85
Triple Digit Subtraction

Time :

Score / 18

1)
```
    5  7  7
 -  5  7  7
```

2)
```
    7  2  0
 -  4  2  9
```

3)
```
    9  0  7
 -  7  4  1
```

4)
```
    4  9  0
 -  2  3  9
```

5)
```
    8  2  2
 -  6  9  8
```

6)
```
    9  7  7
 -  9  3  7
```

7)
```
    7  5  0
 -  5  1  6
```

8)
```
    6  1  7
 -  3  4  0
```

9)
```
    5  0  0
 -  2  9  8
```

10)
```
    6  1  9
 -  5  1  4
```

11)
```
    9  2  1
 -  5  3  9
```

12)
```
    5  9  7
 -  4  4  7
```

13)
```
    3  8  0
 -  1  1  4
```

14)
```
    2  7  0
 -  1  0  8
```

15)
```
    7  3  5
 -  5  4  4
```

16)
```
    8  8  2
 -  8  0  6
```

17)
```
    3  7  9
 -  2  5  5
```

18)
```
    4  3  1
 -  4  1  1
```

I'm sure you have used the search engine Google to find out some interesting facts before, or just to find the answer to a tricky question!

Did you know that the name for Google came from a misspelling of the word googol? A googol is actually a very large number, a 1 with 100 zeroes after it to be precise. That's a lot of 0s!

DAY 86

Multi-Digit Subtraction

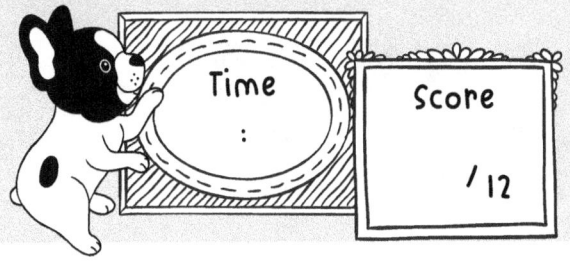

1)
```
  2 3 1 0
- 1 8 8 3
```

2)
```
  8 1 1 2
- 2 3 1 1
```

3)
```
  7 5 5 7
- 1 9 4 3
```

4)
```
  9 5 0 7
- 2 7 2 7
```

5)
```
  6 4 2 3
- 1 9 2 2
```

6)
```
  4 1 7 7
- 4 1 1 6
```

7)
```
  4 0 1 1 6
- 3 7 8 7 2
```

8)
```
  8 6 1 2 3
- 5 5 2 8 6
```

9)
```
  8 6 9 6 6
- 4 2 1 0 0
```

10)
```
  4 9 7 9 8
- 3 3 3 5 0
```

11)
```
  8 1 1 7 5
- 6 5 6 6 3
```

12)
```
  5 2 0 5 4
- 4 3 7 3 9
```

DAY 87

Multi-Digit Subtraction

1)
```
    8 2 5 3
  - 4 1 6 8
```

2)
```
    8 4 8 0
  - 7 3 0 5
```

3)
```
    8 8 1 0
  - 4 2 6 8
```

4)
```
    5 9 1 2
  - 4 0 2 1
```

5)
```
    5 7 2 5
  - 5 2 4 9
```

6)
```
    7 7 3 4
  - 6 7 8 2
```

7)
```
    3 7 0 2 1
  - 2 6 5 9 2
```

8)
```
    8 3 7 9 1
  - 4 2 5 5 0
```

9)
```
    4 9 6 1 0
  - 2 8 1 4 2
```

10)
```
    3 1 0 6 1
  - 2 1 8 1 1
```

11)
```
    7 5 5 9 8
  - 3 2 7 5 4
```

12)
```
    8 3 6 5 9
  - 2 8 9 6 0
```

DAY 88

Multi-Digit Subtraction

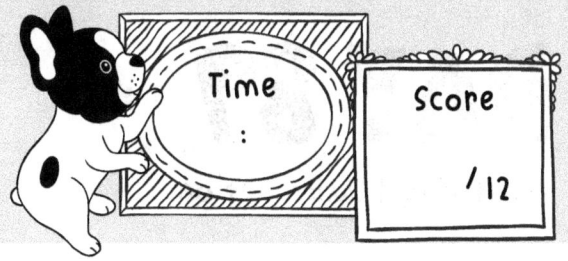

1)

	3	8	2	3
−	2	0	5	3

2)

	6	2	4	8
−	6	0	7	9

3)

	8	2	5	1
−	3	3	4	5

4)

	9	3	3	6
−	8	6	1	4

5)

	8	8	6	1
−	3	9	9	2

6)

	4	2	0	1
−	1	9	1	7

7)

	4	2	9	6	6
−	1	4	7	7	2

8)

	9	0	0	2	5
−	4	7	8	5	5

9)

	9	9	3	0	6
−	8	9	6	7	6

10)

	6	0	8	3	0
−	5	3	6	9	8

11)

	8	2	5	7	6
−	2	0	7	5	9

12)

	7	9	0	4	0
−	1	5	8	7	9

DAY 89
Multi-Digit Subtraction

1)
```
    6  4  9  0
 -  6  3  4  1
```

2)
```
    5  9  9  0
 -  5  2  9  0
```

3)
```
    9  9  0  8
 -  4  9  1  2
```

4)
```
    3  1  8  0
 -  3  0  2  8
```

5)
```
    7  2  6  6
 -  4  1  6  9
```

6)
```
    7  1  8  9
 -  6  8  1  0
```

7)
```
    3  2  7  9  4
 -  1  7  2  6  1
```

8)
```
    5  6  6  2  0
 -  4  2  8  0  8
```

9)
```
    9  4  7  8  3
 -  6  6  4  8  7
```

10)
```
    9  1  3  4  8
 -  4  4  8  7  1
```

11)
```
    5  6  5  7  0
 -  5  3  8  8  8
```

12)
```
    9  7  8  0  1
 -  6  9  5  2  6
```

DAY 90

Multi-Digit Subtraction

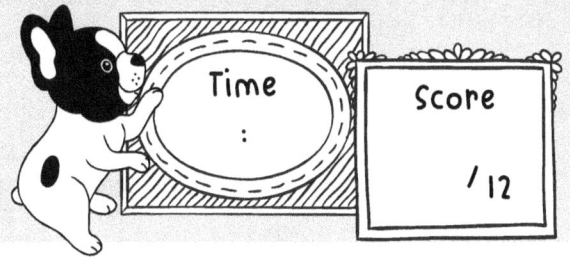

1)
```
  6 9 8 7
- 6 9 5 2
---------
```

2)
```
  4 0 9 1
- 3 0 8 6
---------
```

3)
```
  6 0 4 1
- 1 8 9 6
---------
```

4)
```
  9 9 5 0
- 1 0 7 7
---------
```

5)
```
  8 3 6 1
- 1 0 6 3
---------
```

6)
```
  6 2 6 9
- 2 7 6 2
---------
```

7)
```
  8 3 9 4 6
- 6 7 6 0 1
-----------
```

8)
```
  5 5 9 0 1
- 3 6 1 4 8
-----------
```

9)
```
  9 8 4 8 4
- 1 8 4 7 5
-----------
```

10)
```
  9 7 4 5 8
- 9 5 8 0 1
-----------
```

11)
```
  7 8 4 5 9
- 7 0 9 7 9
-----------
```

12)
```
  5 1 4 5 5
- 1 7 3 3 5
-----------
```

Air France, Iberia, Ryanair, AirTran, Continental Airlines, and Lufthansa don't have a row 13 on their airlines because they are aware that many of their passengers consider 13 to be an unlucky number.

There are many reasons why the number 13 is considered unlucky, ranging from religion to history and even the moon! I love the different facts from history that can explain why we do, say and believe things in the present day. It's so interesting!

DAY 91

Mixed Questions

1)
```
    5  2
+   7  0
─────────
```

2)
```
    6  6
+   8  4
─────────
```

3)
```
    7  0
+   5  8
─────────
```

4)
```
    5  4
+   1  1
─────────
```

5)
```
    4  4
+   2  8
─────────
```

6)
```
    9  4
+   8  3
─────────
```

7)
```
    9  8
+   2  1
─────────
```

8)
```
    8  4
+   8  6
─────────
```

9)
```
    2  9
+   2  0
─────────
```

10)
```
    1  0
+   6  4
─────────
```

11)
```
    6  0
+   1  3
─────────
```

12)
```
    1  2
+   7  1
─────────
```

13)
```
    7  5
-   2  3
─────────
```

14)
```
    6  3
-   6  1
─────────
```

15)
```
    2  6
-   2  4
─────────
```

16)
```
    4  5
-   3  4
─────────
```

17)
```
    9  7
-   1  0
─────────
```

18)
```
    6  7
-   4  4
─────────
```

19)
```
    4  9
-   3  6
─────────
```

20)
```
    9  1
-   2  6
─────────
```

21)
```
    2  0
-   2  0
─────────
```

22)
```
    8  6
-   3  0
─────────
```

23)
```
    8  8
-   1  6
─────────
```

24)
```
    3  8
-   2  4
─────────
```

DAY 92

Mixed Questions

1)
```
    9 2
+   8 2
―――――
```

2)
```
    5 5
+   2 7
―――――
```

3)
```
    9 3
+   7 3
―――――
```

4)
```
    2 5
+   6 7
―――――
```

5)
```
    7 4
+   7 2
―――――
```

6)
```
    9 2
+   7 4
―――――
```

7)
```
    5 9
+   3 0
―――――
```

8)
```
    5 8
+   7 6
―――――
```

9)
```
    4 6
+   4 7
―――――
```

10)
```
    9 4
+   6 1
―――――
```

11)
```
    2 7
+   8 9
―――――
```

12)
```
    9 6
+   5 8
―――――
```

13)
```
    5 9
-   3 1
―――――
```

14)
```
    6 5
-   1 1
―――――
```

15)
```
    5 2
-   5 2
―――――
```

16)
```
    6 4
-   5 0
―――――
```

17)
```
    9 0
-   3 3
―――――
```

18)
```
    9 8
-   8 4
―――――
```

19)
```
    6 7
-   5 1
―――――
```

20)
```
    8 7
-   2 7
―――――
```

21)
```
    7 6
-   2 5
―――――
```

22)
```
    9 1
-   4 0
―――――
```

23)
```
    9 4
-   7 3
―――――
```

24)
```
    3 5
-   2 0
―――――
```

DAY 93

Mixed Questions

1)
```
  1 0
+ 2 1
```

2)
```
  8 2
+ 8 4
```

3)
```
  3 1
+ 8 1
```

4)
```
  2 6
+ 1 1
```

5)
```
  4 7
+ 3 4
```

6)
```
  6 2
+ 1 8
```

7)
```
  1 0
+ 5 0
```

8)
```
  4 8
+ 2 7
```

9)
```
  4 5
+ 5 2
```

10)
```
  5 6
+ 8 5
```

11)
```
  5 5
+ 3 1
```

12)
```
  7 8
+ 9 1
```

13)
```
  4 3
- 2 8
```

14)
```
  2 7
- 1 1
```

15)
```
  9 6
- 9 6
```

16)
```
  8 0
- 6 6
```

17)
```
  7 7
- 1 6
```

18)
```
  6 7
- 2 1
```

19)
```
  8 9
- 8 0
```

20)
```
  7 8
- 3 5
```

21)
```
  5 3
- 2 6
```

22)
```
  2 8
- 1 0
```

23)
```
  3 9
- 2 1
```

24)
```
  3 1
- 2 6
```

DAY 94
Mixed Questions

1)
```
    8  9
+   5  0
```

2)
```
    4  3
+   2  6
```

3)
```
    5  3
+   7  5
```

4)
```
    1  1
+   2  1
```

5)
```
    4  8
+   6  7
```

6)
```
    2  8
+   7  9
```

7)
```
    2  3
+   6  8
```

8)
```
    3  8
+   9  9
```

9)
```
    8  8
+   5  8
```

10)
```
    3  3
+   2  4
```

11)
```
    3  7
+   4  8
```

12)
```
    9  0
+   4  9
```

13)
```
    4  3
-   1  8
```

14)
```
    7  0
-   3  5
```

15)
```
    8  6
-   3  5
```

16)
```
    3  7
-   2  2
```

17)
```
    8  9
-   2  9
```

18)
```
    6  5
-   3  7
```

19)
```
    5  7
-   1  6
```

20)
```
    7  7
-   6  7
```

21)
```
    8  2
-   1  4
```

22)
```
    6  0
-   5  3
```

23)
```
    9  3
-   8  3
```

24)
```
    7  3
-   5  3
```

DAY 95

Mixed Questions

1)
```
    3  7
+   3  3
_____
```

2)
```
    5  0
+   8  2
_____
```

3)
```
    9  1
+   2  4
_____
```

4)
```
    4  4
+   1  4
_____
```

5)
```
    2  9
+   3  2
_____
```

6)
```
    4  3
+   5  0
_____
```

7)
```
    4  5
+   5  0
_____
```

8)
```
    1  4
+   2  6
_____
```

9)
```
    8  2
+   4  9
_____
```

10)
```
    9  9
+   9  1
_____
```

11)
```
    1  6
+   6  1
_____
```

12)
```
    4  6
+   5  5
_____
```

13)
```
    7  8
-   5  4
_____
```

14)
```
    9  7
-   5  7
_____
```

15)
```
    9  2
-   6  8
_____
```

16)
```
    8  8
-   2  3
_____
```

17)
```
    9  6
-   7  7
_____
```

18)
```
    9  6
-   4  8
_____
```

19)
```
    6  8
-   4  7
_____
```

20)
```
    6  1
-   4  1
_____
```

21)
```
    9  1
-   2  3
_____
```

22)
```
    6  9
-   6  3
_____
```

23)
```
    2  2
-   1  3
_____
```

24)
```
    4  6
-   2  4
_____
```

DAY 96

Mixed Questions

1)
```
    2   7
+   2   0
─────────
```

2)
```
    7   1
+   8   0
─────────
```

3)
```
    9   0
+   4   1
─────────
```

4)
```
    4   7
+   5   1
─────────
```

5)
```
    5   8
+   3   1
─────────
```

6)
```
    6   9
+   5   4
─────────
```

7)
```
    5   7
+   8   7
─────────
```

8)
```
    4   0
+   7   2
─────────
```

9)
```
    8   3
+   1   7
─────────
```

10)
```
    1   2
+   5   1
─────────
```

11)
```
    4   6
+   2   6
─────────
```

12)
```
    1   3
+   3   0
─────────
```

13)
```
    7   9
-   5   1
─────────
```

14)
```
    7   4
-   6   8
─────────
```

15)
```
    8   4
-   3   4
─────────
```

16)
```
    1   9
-   1   4
─────────
```

17)
```
    6   5
-   3   3
─────────
```

18)
```
    4   8
-   2   9
─────────
```

19)
```
    6   5
-   1   5
─────────
```

20)
```
    4   2
-   1   3
─────────
```

21)
```
    6   7
-   3   5
─────────
```

22)
```
    4   1
-   1   9
─────────
```

23)
```
    9   9
-   3   4
─────────
```

24)
```
    8   9
-   5   1
─────────
```

DAY 97

Mixed Questions

1)
```
   6 1
+  4 2
-------
```

2)
```
   9 3
+  3 7
-------
```

3)
```
   6 2
+  9 3
-------
```

4)
```
   7 3
+  2 3
-------
```

5)
```
   1 0
+  5 1
-------
```

6)
```
   7 6
+  4 1
-------
```

7)
```
   9 3
+  5 2
-------
```

8)
```
   5 8
+  2 5
-------
```

9)
```
   4 2
+  3 0
-------
```

10)
```
   3 6
+  4 8
-------
```

11)
```
   6 5
+  1 3
-------
```

12)
```
   5 3
+  7 0
-------
```

13)
```
   2 7
-  2 3
-------
```

14)
```
   9 1
-  4 6
-------
```

15)
```
   8 6
-  2 4
-------
```

16)
```
   7 5
-  4 1
-------
```

17)
```
   6 9
-  1 3
-------
```

18)
```
   8 7
-  3 3
-------
```

19)
```
   9 9
-  4 0
-------
```

20)
```
   6 1
-  1 8
-------
```

21)
```
   6 0
-  3 3
-------
```

22)
```
   9 8
-  4 1
-------
```

23)
```
   7 3
-  5 0
-------
```

24)
```
   8 9
-  5 5
-------
```

DAY 98

Mixed Questions

1)
```
    3 3
+   5 2
_____
```

2)
```
    4 3
+   6 2
_____
```

3)
```
    1 4
+   4 5
_____
```

4)
```
    5 1
+   8 4
_____
```

5)
```
    5 4
+   2 8
_____
```

6)
```
    8 1
+   1 9
_____
```

7)
```
    9 3
+   9 0
_____
```

8)
```
    9 5
+   6 2
_____
```

9)
```
    7 5
+   4 4
_____
```

10)
```
    6 7
+   1 5
_____
```

11)
```
    4 7
+   9 4
_____
```

12)
```
    5 4
+   4 5
_____
```

13)
```
    6 5
-   3 7
_____
```

14)
```
    8 6
-   7 6
_____
```

15)
```
    9 2
-   5 5
_____
```

16)
```
    8 7
-   2 9
_____
```

17)
```
    8 4
-   6 3
_____
```

18)
```
    7 0
-   4 3
_____
```

19)
```
    8 9
-   3 1
_____
```

20)
```
    8 2
-   4 2
_____
```

21)
```
    8 7
-   3 4
_____
```

22)
```
    9 4
-   6 7
_____
```

23)
```
    9 2
-   1 0
_____
```

24)
```
    8 9
-   7 4
_____
```

DAY 99

Mixed Questions

1)
```
    6  5
+   8  2
_____
```

2)
```
    5  1
+   8  2
_____
```

3)
```
    8  1
+   9  0
_____
```

4)
```
    3  5
+   1  7
_____
```

5)
```
    5  8
+   8  0
_____
```

6)
```
    8  4
+   5  8
_____
```

7)
```
    4  5
+   4  9
_____
```

8)
```
    7  1
+   7  2
_____
```

9)
```
    6  9
+   6  9
_____
```

10)
```
    1  2
+   1  6
_____
```

11)
```
    5  8
+   8  1
_____
```

12)
```
    8  7
+   7  4
_____
```

13)
```
    6  0
-   1  2
_____
```

14)
```
    9  0
-   4  9
_____
```

15)
```
    7  4
-   6  9
_____
```

16)
```
    5  8
-   5  5
_____
```

17)
```
    7  2
-   6  8
_____
```

18)
```
    9  0
-   6  1
_____
```

19)
```
    8  1
-   2  8
_____
```

20)
```
    9  0
-   8  3
_____
```

21)
```
    4  5
-   3  7
_____
```

22)
```
    8  9
-   7  1
_____
```

23)
```
    9  8
-   6  6
_____
```

24)
```
    2  6
-   1  4
_____
```

DAY 100

Mixed Questions

1)
```
    8  3
+   8  2
_____
```

2)
```
    7  8
+   3  5
_____
```

3)
```
    2  3
+   9  6
_____
```

4)
```
    4  9
+   7  9
_____
```

5)
```
    3  2
+   3  3
_____
```

6)
```
    5  7
+   7  3
_____
```

7)
```
    2  6
+   5  4
_____
```

8)
```
    7  2
+   4  6
_____
```

9)
```
    2  7
+   5  5
_____
```

10)
```
    2  6
+   3  2
_____
```

11)
```
    6  1
+   4  2
_____
```

12)
```
    5  3
+   1  4
_____
```

13)
```
    8  8
-   2  3
_____
```

14)
```
    6  8
-   3  0
_____
```

15)
```
    6  3
-   1  9
_____
```

16)
```
    8  3
-   4  5
_____
```

17)
```
    9  3
-   7  2
_____
```

18)
```
    5  3
-   3  2
_____
```

19)
```
    9  9
-   5  4
_____
```

20)
```
    4  2
-   1  1
_____
```

21)
```
    7  8
-   1  8
_____
```

22)
```
    8  5
-   6  2
_____
```

23)
```
    7  5
-   2  7
_____
```

24)
```
    3  0
-   2  4
_____
```

FREE BONUS

Thanks for coming along on another journey with me and learning about addition and subtraction. I think you did a great job!

Join me once again and dive into the captivating stories of extraordinary sport heroes and fearless entrepreneurs. I can't wait to share their remarkable tales of innovation and determination with you. In addition to the inspiring stories, I have included some fantastic coloring pages that will spark your creativity too!

So, what are you waiting for? Claim the freebies by scanning the QR code below or type riccagarden.com/ronny_freebies into your web browser.

Your Frenchie,

RONNY

(Note: You must be 16 years or older to sign up, so grab your parent for help if you need to.)

THE

REMARKABLE
STORIES

OF DREAMERS, SPORTS STARS
AND CHILD HEROES

GET INSPIRED WITH

RONNY the FRENCHIE

The Stars

YOU WILL SHINE
AMONG THEM LIKE STARS
IN THE SKY AS YOU HOLD FIRM
THE WORD OF LIFE *Philippians*

IN PEACE
I WILL LIE DOWN & SLEEP,
FOR YOU ALONE, O LORD,
MAKE ME DWELL IN
SAFETY.

Psalm 4:8

ANSWER KEY

DAY 1
(1)98 (2)145 (3)40 (4)100 (5)153 (6)113
(7)56 (8)42 (9)131 (10)113 (11)119
(12)136 (13)119 (14)163 (15)94 (16)148
(17)52 (18)79 (19)98 (20)88 (21)109
(22)67 (23)61 (24)65

DAY 2
(1)32 (2)102 (3)161 (4)114 (5)160 (6)120
(7)85 (8)139 (9)89 (10)70 (11)105 (12)179
(13)83 (14)124 (15)48 (16)164 (17)55
(18)138 (19)149 (20)59 (21)65 (22)102
(23)87 (24)129

DAY 3
(1)68 (2)132 (3)116 (4)92 (5)60 (6)155
(7)95 (8)77 (9)113 (10)56 (11)42 (12)102
(13)102 (14)93 (15)70 (16)72 (17)142
(18)102 (19)173 (20)123 (21)89 (22)124
(23)83 (24)147

DAY 4
(1)111 (2)59 (3)46 (4)55 (5)109 (6)69
(7)29 (8)104 (9)129 (10)139 (11)168
(12)157 (13)167 (14)95 (15)158 (16)44
(17)120 (18)185 (19)23 (20)87 (21)112
(22)93 (23)114 (24)144

DAY 5
(1)71 (2)167 (3)188 (4)111 (5)152 (6)89
(7)103 (8)141 (9)159 (10)178 (11)101
(12)44 (13)85 (14)120 (15)102 (16)150
(17)117 (18)101 (19)100 (20)36 (21)87
(22)107 (23)103 (24)108

DAY 6
(1)104 (2)40 (3)89 (4)139 (5)51 (6)85
(7)159 (8)100 (9)71 (10)101 (11)162
(12)139 (13)46 (14)69 (15)78 (16)118
(17)151 (18)63 (19)125 (20)138 (21)123
(22)89 (23)157 (24)114

DAY 7
(1)43 (2)57 (3)74 (4)137 (5)84 (6)111
(7)71 (8)137 (9)188 (10)112 (11)133
(12)149 (13)104 (14)130 (15)101 (16)135
(17)136 (18)160 (19)132 (20)43 (21)112
(22)102 (23)134 (24)82

DAY 8
(1)171 (2)70 (3)116 (4)146 (5)156 (6)120
(7)41 (8)124 (9)40 (10)58 (11)93 (12)98
(13)137 (14)116 (15)91 (16)87 (17)121
(18)144 (19)154 (20)125 (21)89 (22)160
(23)186 (24)73

DAY 9
(1)77 (2)120 (3)113 (4)46 (5)98 (6)132
(7)134 (8)132 (9)120 (10)79 (11)75
(12)105 (13)95 (14)79 (15)118 (16)158
(17)102 (18)94 (19)151 (20)62 (21)106
(22)163 (23)135 (24)129

DAY 10
(1)103 (2)102 (3)129 (4)143 (5)161 (6)41
(7)24 (8)131 (9)117 (10)168 (11)47 (12)76
(13)166 (14)109 (15)161 (16)121 (17)148
(18)64 (19)121 (20)60 (21)118 (22)163
(23)69 (24)66

DAY 11
(1)108 (2)59 (3)142 (4)25 (5)109 (6)86
(7)101 (8)108 (9)93 (10)99 (11)83 (12)103
(13)134 (14)116 (15)184 (16)144 (17)55
(18)126 (19)89 (20)87 (21)127 (22)57
(23)69 (24)146

DAY 12
(1)88 (2)119 (3)67 (4)101 (5)116 (6)126
(7)147 (8)102 (9)126 (10)69 (11)125
(12)90 (13)92 (14)93 (15)90 (16)112
(17)71 (18)80 (19)123 (20)96 (21)105
(22)105 (23)133 (24)53

DAY 13
(1)121 (2)111 (3)86 (4)157 (5)154 (6)93
(7)54 (8)111 (9)159 (10)134 (11)56
(12)135 (13)166 (14)113 (15)143 (16)139
(17)135 (18)114 (19)120 (20)108 (21)112
(22)124 (23)56 (24)63

DAY 14
(1)53 (2)74 (3)95 (4)96 (5)61 (6)156
(7)108 (8)34 (9)69 (10)55 (11)105 (12)80
(13)168 (14)111 (15)137 (16)80 (17)111
(18)87 (19)140 (20)138 (21)132 (22)58
(23)110 (24)118

DAY 15
(1)121 (2)121 (3)128 (4)125 (5)114 (6)191
(7)134 (8)130 (9)113 (10)112 (11)167
(12)111 (13)67 (14)160 (15)79 (16)40
(17)93 (18)107 (19)93 (20)138 (21)39
(22)112 (23)117 (24)112

DAY 16
(1)106 (2)160 (3)64 (4)93 (5)61 (6)97
(7)80 (8)84 (9)64 (10)52 (11)89 (12)43
(13)78 (14)117 (15)126 (16)196 (17)149
(18)38 (19)134 (20)55 (21)116 (22)137
(23)43 (24)91

DAY 17
(1)47 (2)80 (3)161 (4)109 (5)100 (6)108
(7)178 (8)57 (9)49 (10)51 (11)128 (12)118
(13)154 (14)41 (15)35 (16)121 (17)95
(18)56 (19)145 (20)94 (21)179 (22)88
(23)71 (24)110

DAY 18
(1)52 (2)177 (3)142 (4)106 (5)93 (6)162
(7)77 (8)155 (9)119 (10)104 (11)152
(12)133 (13)102 (14)45 (15)131 (16)125
(17)94 (18)79 (19)129 (20)182 (21)151
(22)123 (23)138 (24)151

DAY 19
(1)113 (2)114 (3)109 (4)72 (5)103 (6)163
(7)120 (8)144 (9)148 (10)92 (11)135
(12)142 (13)112 (14)52 (15)170 (16)172
(17)69 (18)94 (19)116 (20)52 (21)101
(22)124 (23)132 (24)145

DAY 20
(1)131 (2)146 (3)164 (4)170 (5)117 (6)51
(7)125 (8)130 (9)141 (10)157 (11)132
(12)178 (13)47 (14)122 (15)109 (16)109
(17)113 (18)79 (19)98 (20)74 (21)78
(22)161 (23)113 (24)129

DAY 21
(1)85 (2)128 (3)78 (4)157 (5)109 (6)89
(7)118 (8)135 (9)104 (10)102 (11)125
(12)157 (13)175 (14)99 (15)102 (16)130
(17)110 (18)116 (19)105 (20)76 (21)104
(22)137 (23)109 (24)80

DAY 22
(1)90 (2)90 (3)63 (4)179 (5)111 (6)106
(7)93 (8)86 (9)183 (10)93 (11)98 (12)70
(13)61 (14)82 (15)116 (16)149 (17)162
(18)38 (19)140 (20)40 (21)131 (22)127
(23)166 (24)141

DAY 23
(1)112 (2)195 (3)123 (4)105 (5)104 (6)38
(7)167 (8)83 (9)111 (10)26 (11)86 (12)68
(13)49 (14)123 (15)175 (16)88 (17)131
(18)164 (19)107 (20)168 (21)131 (22)118
(23)85 (24)128

DAY 24
(1)92 (2)174 (3)64 (4)119 (5)108 (6)70
(7)122 (8)132 (9)45 (10)109 (11)117
(12)110 (13)31 (14)115 (15)158 (16)181
(17)87 (18)112 (19)113 (20)34 (21)103
(22)108 (23)97 (24)55

DAY 25
(1)154 (2)117 (3)46 (4)106 (5)157 (6)123
(7)109 (8)61 (9)74 (10)172 (11)97 (12)149
(13)163 (14)69 (15)45 (16)156 (17)68
(18)80 (19)163 (20)117 (21)172 (22)171
(23)93 (24)128

DAY 26
(1)843 (2)1070 (3)987 (4)415 (5)1452
(6)954 (7)1276 (8)1295 (9)1166 (10)692
(11)696 (12)830 (13)1035 (14)1586
(15)1319 (16)602 (17)523 (18)800

DAY 27
(1)552 (2)684 (3)703 (4)718 (5)931
(6)1534 (7)1364 (8)1430 (9)1406 (10)1654
(11)1105 (12)605 (13)859 (14)1190
(15)1128 (16)1521 (17)1470 (18)1079

ANSWER KEY

DAY 28
(1)1534 (2)1215 (3)1208 (4)1504 (5)1217
(6)1739 (7)1372 (8)641 (9)1243 (10)962
(11)566 (12)892 (13)1047 (14)1008
(15)338 (16)663 (17)1442 (18)1929

DAY 29
(1)1195 (2)843 (3)1506 (4)263 (5)859
(6)645 (7)717 (8)1671 (9)1520 (10)937
(11)928 (12)782 (13)765 (14)1082
(15)1546 (16)1646 (17)596 (18)1537

DAY 30
(1)1614 (2)942 (3)865 (4)1268 (5)653
(6)1059 (7)547 (8)990 (9)1042 (10)1165
(11)1724 (12)1277 (13)1486 (14)1060
(15)1551 (16)1054 (17)1015 (18)1064

DAY 31
(1)1697 (2)982 (3)514 (4)1628 (5)1090
(6)849 (7)728 (8)1427 (9)1541 (10)1635
(11)562 (12)1507 (13)1388 (14)1386
(15)1723 (16)739 (17)241 (18)820

DAY 32
(1)1163 (2)1051 (3)975 (4)1370 (5)1087
(6)1213 (7)912 (8)594 (9)1111 (10)1533
(11)1508 (12)1025 (13)1001 (14)1541
(15)673 (16)731 (17)1094 (18)1098

DAY 33
(1)1087 (2)1682 (3)504 (4)1029 (5)1598
(6)1314 (7)1666 (8)1258 (9)847 (10)362
(11)1387 (12)1055 (13)1187 (14)1115
(15)1524 (16)1184 (17)1088 (18)1526

DAY 34
(1)1003 (2)1344 (3)1174 (4)1028 (5)1377
(6)1363 (7)1028 (8)1451 (9)1546 (10)1283
(11)1244 (12)1141 (13)916 (14)456
(15)888 (16)1217 (17)1575 (18)893

DAY 35
(1)1199 (2)891 (3)1193 (4)1543 (5)789
(6)584 (7)1517 (8)1081 (9)912 (10)1052
(11)1755 (12)433 (13)1210 (14)728
(15)1340 (16)1067 (17)1059 (18)581

DAY 36
(1)707 (2)1121 (3)876 (4)1288 (5)1197
(6)998 (7)662 (8)1882 (9)986 (10)741
(11)986 (12)1414 (13)1694 (14)1654
(15)1414 (16)1108 (17)1384 (18)1265

DAY 37
(1)1239 (2)1320 (3)1350 (4)384 (5)907
(6)1357 (7)1391 (8)994 (9)1045 (10)1876
(11)1351 (12)1667 (13)757 (14)549
(15)975 (16)1035 (17)1741 (18)1032

DAY 38
(1)973 (2)1594 (3)787 (4)1765 (5)1173
(6)1575 (7)1586 (8)1062 (9)450 (10)466
(11)612 (12)950 (13)1695 (14)1316
(15)1125 (16)891 (17)1175 (18)800

DAY 39
(1)523 (2)1094 (3)1020 (4)1295 (5)1061
(6)1659 (7)1211 (8)1250 (9)1275 (10)1804
(11)1168 (12)739 (13)614 (14)715 (15)986
(16)654 (17)1555 (18)721

DAY 40
(1)526 (2)823 (3)1422 (4)1358 (5)1007
(6)1023 (7)965 (8)885 (9)1186 (10)996
(11)806 (12)1301 (13)1074 (14)808
(15)822 (16)561 (17)1396 (18)1651

DAY 41
(1)13846 (2)17380 (3)10253 (4)11126
(5)4002 (6)2443
(7)62359 (8)184884 (9)65677 (10)145487
(11)49584 (12)115379

DAY 42
(1)9805 (2)10003 (3)18152 (4)9083
(5)11493 (6)9313
(7)117642 (8)118429 (9)53238 (10)67901
(11)70705 (12)113251

DAY 43
(1)14328 (2)11103 (3)4163 (4)12577
(5)12537 (6)12341
(7)128784 (8)160350 (9)114991
(10)140596 (11)83831 (12)115459

DAY 44
(1)11492 (2)11583 (3)7684 (4)9942
(5)7343 (6)13641
(7)146274 (8)165030 (9)143755
(10)145491 (11)76051 (12)112311

DAY 45
(1)11973 (2)14459 (3)11300 (4)8149
(5)16714 (6)10554
(7)135169 (8)140119 (9)159758
(10)34328 (11)116257 (12)38452

DAY 46
(1)200 (2)102 (3)125 (4)65 (5)194 (6)149
(7)162 (8)220 (9)192 (10)145 (11)138
(12)139 (13)236 (14)161 (15)93 (16)178
(17)159 (18)135 (19)162 (20)206

DAY 47
(1)214 (2)227 (3)136 (4)124 (5)58 (6)165
(7)119 (8)174 (9)210 (10)227 (11)129
(12)147 (13)182 (14)125 (15)238 (16)163
(17)264 (18)164 (19)173 (20)213

DAY 48
(1)145 (2)217 (3)216 (4)178 (5)65 (6)153
(7)151 (8)215 (9)189 (10)236 (11)172
(12)198 (13)205 (14)96 (15)185 (16)156
(17)248 (18)210 (19)152 (20)114

DAY 49
(1)112 (2)185 (3)106 (4)238 (5)187 (6)129
(7)101 (8)164 (9)152 (10)186 (11)139
(12)281 (13)217 (14)134 (15)193 (16)117
(17)189 (18)119 (19)124 (20)140

DAY 50
(1)250 (2)151 (3)141 (4)118 (5)108 (6)62
(7)220 (8)97 (9)119 (10)128 (11)211
(12)164 (13)212 (14)110 (15)146 (16)228
(17)108 (18)223 (19)142 (20)158

DAY 51
(1)12 (2)19 (3)40 (4)14 (5)49 (6)4 (7)14
(8)8 (9)35 (10)7 (11)8 (12)17 (13)19 (14)2
(15)16 (16)39 (17)7 (18)5 (19)15 (20)12
(21)44 (22)54 (23)22 (24)61

DAY 52
(1)24 (2)66 (3)16 (4)7 (5)19 (6)9 (7)45
(8)16 (9)37 (10)20 (11)27 (12)26 (13)40
(14)34 (15)24 (16)20 (17)5 (18)60 (19)55
(20)27 (21)63 (22)29 (23)50 (24)69

DAY 53
(1)23 (2)11 (3)12 (4)21 (5)19 (6)58 (7)76
(8)12 (9)34 (10)10 (11)47 (12)22 (13)1
(14)18 (15)52 (16)62 (17)21 (18)6 (19)48
(20)60 (21)12 (22)23 (23)34 (24)3

DAY 54
(1)21 (2)8 (3)55 (4)14 (5)28 (6)18 (7)6
(8)63 (9)12 (10)30 (11)0 (12)62 (13)55
(14)7 (15)60 (16)40 (17)22 (18)6 (19)0
(20)34 (21)82 (22)74 (23)40 (24)18

ANSWER KEY

DAY 55
(1)67 (2)17 (3)15 (4)57 (5)24 (6)2 (7)65 (8)21 (9)8 (10)77 (11)12 (12)4 (13)44 (14)2 (15)23 (16)65 (17)41 (18)11 (19)59 (20)7 (21)14 (22)5 (23)19 (24)36

DAY 56
(1)38 (2)58 (3)31 (4)31 (5)34 (6)36 (7)7 (8)46 (9)29 (10)45 (11)32 (12)27 (13)32 (14)82 (15)66 (16)24 (17)33 (18)42 (19)61 (20)19 (21)34 (22)1 (23)63 (24)9

DAY 57
(1)38 (2)19 (3)13 (4)19 (5)52 (6)27 (7)32 (8)33 (9)72 (10)25 (11)25 (12)13 (13)67 (14)31 (15)38 (16)45 (17)3 (18)68 (19)53 (20)10 (21)45 (22)58 (23)37 (24)48

DAY 58
(1)27 (2)11 (3)47 (4)55 (5)19 (6)9 (7)62 (8)62 (9)30 (10)5 (11)33 (12)47 (13)46 (14)21 (15)10 (16)14 (17)56 (18)1 (19)50 (20)5 (21)17 (22)1 (23)36 (24)2

DAY 59
(1)14 (2)8 (3)32 (4)31 (5)16 (6)3 (7)37 (8)29 (9)6 (10)8 (11)35 (12)58 (13)46 (14)63 (15)78 (16)50 (17)35 (18)13 (19)38 (20)0 (21)2 (22)66 (23)17 (24)4

DAY 60
(1)51 (2)47 (3)27 (4)56 (5)45 (6)12 (7)49 (8)15 (9)27 (10)9 (11)1 (12)20 (13)0 (14)17 (15)4 (16)31 (17)0 (18)2 (19)1 (20)0 (21)34 (22)28 (23)15 (24)74

DAY 61
(1)18 (2)52 (3)55 (4)14 (5)25 (6)4 (7)59 (8)43 (9)32 (10)61 (11)7 (12)32 (13)27 (14)12 (15)38 (16)9 (17)55 (18)70 (19)13 (20)46 (21)14 (22)12 (23)9 (24)2

DAY 62
(1)64 (2)55 (3)13 (4)31 (5)59 (6)18 (7)80 (8)21 (9)45 (10)22 (11)4 (12)9 (13)17 (14)23 (15)6 (16)33 (17)6(18)32 (19)41 (20)43 (21)42 (22)7 (23)5 (24)43

DAY 63
(1)21 (2)42 (3)2 (4)81 (5)20 (6)5 (7)57 (8)34 (9)2 (10)34 (11)10 (12)33 (13)21 (14)48 (15)32 (16)23 (17)58 (18)40 (19)55 (20)70 (21)69 (22)18 (23)64 (24)38

DAY 64
(1)72 (2)31 (3)19 (4)2 (5)12 (6)18 (7)22 (8)59 (9)26 (10)0 (11)11 (12)14 (13)16 (14)39 (15)24 (16)26 (17)40 (18)5 (19)10 (20)68 (21)15 (22)39 (23)14 (24)11

DAY 65
(1)22 (2)32 (3)7 (4)25 (5)30 (6)12 (7)11 (8)64 (9)28 (10)24 (11)51 (12)29 (13)6 (14)47 (15)30 (16)17 (17)48 (18)49 (19)17 (20)38 (21)20 (22)38 (23)13 (24)26

DAY 66
(1)12 (2)18 (3)17 (4)37 (5)7 (6)9 (7)51 (8)33 (9)31 (10)8 (11)25 (12)45 (13)19 (14)47 (15)16 (16)23 (17)36 (18)17 (19)21 (20)44 (21)21(22)61 (23)22 (24)4

DAY 67
(1)14 (2)6 (3)35 (4)53 (5)23 (6)19 (7)20 (8)80 (9)4 (10)61 (11)9 (12)30 (13)15 (14)52 (15)34 (16)59 (17)2 (18)58 (19)50 (20)31 (21)31 (22)67 (23)79 (24)32

DAY 68
(1)29 (2)19 (3)17 (4)25 (5)6 (6)29 (7)40 (8)18 (9)44 (10)16 (11)31 (12)17 (13)55 (14)9 (15)6 (16)14 (17)47 (18)70 (19)43 (20)8 (21)9 (22)56 (23)45 (24)7

DAY 69
(1)37 (2)10 (3)9 (4)6 (5)42 (6)2 (7)36 (8)69 (9)29 (10)26 (11)56 (12)71 (13)41 (14)9 (15)59 (16)78 (17)45 (18)7 (19)16 (20)46 (21)11 (22)8 (23)50 (24)9

DAY 70
(1)21 (2)7 (3)30 (4)9 (5)16 (6)8 (7)29 (8)42 (9)55 (10)15 (11)34 (12)24 (13)26 (14)18 (15)6 (16)11 (17)43 (18)68 (19)46 (20)25 (21)57 (22)59 (23)57(24)6

DAY 71
(1)36 (2)12 (3)27 (4)41 (5)54 (6)59 (7)0 (8)50 (9)67 (10)48 (11)73 (12)14 (13)61 (14)3 (15)37 (16)41 (17)26 (18)49(19)30 (20)18 (21)66 (22)19 (23)55 (24)5

DAY 72
(1)50 (2)58 (3)43 (4)13 (5)11 (6)49 (7)78 (8)47 (9)16 (10)9 (11)59 (12)2 (13)28 (14)53 (15)11 (16)30 (17)22 (18)49 (19)19 (20)27 (21)16 (22)46 (23)57 (24)13

DAY 73
(1)9 (2)32 (3)51 (4)43 (5)60 (6)9 (7)40 (8)9 (9)83 (10)1 (11)57 (12)10 (13)42 (14)26 (15)61 (16)20 (17)3 (18)81 (19)6 (20)2 (21)24 (22)78 (23)77 (24)37

DAY 74
(1)35 (2)44 (3)51 (4)20 (5)26 (6)4 (7)7 (8)9 (9)15 (10)21 (11)50 (12)24 (13)7 (14)0 (15)26 (16)33 (17)22 (18)31 (19)37 (20)25 (21)35 (22)11 (23)49 (24)12

DAY 75
(1)19 (2)9 (3)24 (4)35 (5)26 (6)11 (7)9 (8)64 (9)8 (10)16 (11)5 (12)68 (13)41 (14)38 (15)24 (16)52 (17)46 (18)71 (19)48 (20)12 (21)65 (22)21(23)58 (24)42

DAY 76
(1)442 (2)255 (3)189 (4)409 (5)129 (6)41 (7)527 (8)629 (9)93 (10)309 (11)116 (12)66 (13)79 (14)555 (15)111 (16)81 (17)327 (18)183

DAY 77
(1)829 (2)289 (3)317 (4)6 (5)302 (6)368 (7)21 (8)51 (9)33 (10)609 (11)90 (12)71 (13)47 (14)38 (15)23 (16)405 (17)203 (18)20

DAY 78
(1)53 (2)258 (3)98 (4)661 (5)15 (6)194 (7)175 (8)368 (9)219 (10)494 (11)347 (12)74 (13)12 (14)48 (15)412 (16)218 (17)237 (18)183

DAY 79
(1)534 (2)813 (3)177 (4)122 (5)10 (6)88 (7)424 (8)408 (9)68 (10)170 (11)551 (12)378 (13)246 (14)21 (15)707 (16)340 (17)332 (18)36

DAY 80
(1)272 (2)206 (3)384 (4)293 (5)392 (6)203 (7)91 (8)387 (9)154 (10)41 (11)272 (12)166 (13)719 (14)322 (15)148 (16)34 (17)139 (18)322

DAY 81
(1)150 (2)277 (3)173 (4)94 (5)325 (6)282 (7)59 (8)21 (9)340 (10)838 (11)730 (12)86 (13)404 (14)532 (15)549 (16)167 (17)182 (18)534

ANSWER KEY 🐾

DAY 82
(1)472 (2)195 (3)344 (4)451 (5)259 (6)405
(7)232 (8)282 (9)458 (10)93 (11)543
(12)216 (13)325 (14)106 (15)348 (16)587
(17)381 (18)41

DAY 83
(1)11 (2)368 (3)473 (4)612 (5)11 (6)236
(7)244 (8)287 (9)451 (10)517 (11)245
(12)80 (13)610 (14)172 (15)171 (16)245
(17)35 (18)662

DAY 84
(1)325 (2)807 (3)287 (4)427 (5)159 (6)73
(7)92 (8)191 (9)376 (10)205 (11)24
(12)651 (13)243 (14)229 (15)872 (16)158
(17)694 (18)213

DAY 85
(1)0 (2)291 (3)166 (4)251 (5)124 (6)40
(7)234 (8)277 (9)202 (10)105 (11)382
(12)150 (13)266 (14)162 (15)191 (16)76
(17)124 (18)20

DAY 86
(1)427 (2)5801 (3)561 4 (4)6780 (5)4501
(6)61 (7)2244 (8)30837 (9)44866
(10)16448 (11)15512 (12)8315

DAY 87
(1)4085 (2)1175 (3)4542 (4)1891 (5)476
(6)952 (7)10429 (8)41241 (9)21468 (10)9250
(11)42844 (12)54699

DAY 88
(1)1770 (2)169 (3)4906 (4)722 (5)4869
(6)2284 (7)28194 (8)42170 (9)9630 (10)7132
(11)61817 (12)63161

DAY 89
(1)149 (2)700 (3)4996 (4)152 (5)3097
(6)379 (7)15533 (8)13812 (9)28296 (10)46477
(11)2682 (12)28275

DAY 90
(1)35 (2)1005 (3)4145 (4)8873 (5)7298
(6)3507 (7)16345 (8)19753 (9)80009 (10)1657
(11)7480 (12)34120

DAY 91
(1)122 (2)150 (3)128 (4)65 (5)72 (6)177
(7)119 (8)170 (9)49 (10)74 (11)73 (12)83
(13)52 (14)2 (15)2 (16)11 (17)87 (18)23
(19)13 (20)65 (21)0 (22)56 (23)72 (24)14

DAY 92
(1)174 (2)82 (3)166 (4)92 (5)146 (6)166
(7)89 (8)134 (9)93 (10)155 (11)116 (12)154
(13)28 (14)54 (15)0 (16)14 (17)57 (18)14
(19)16 (20)60 (21)51 (22)51 (23)21 (24)15

DAY 93
(1)31 (2)166 (3)112 (4)37 (5)81 (6)80
(7)60 (8)75 (9)97 (10)141 (11)86 (12)169
(13)15 (14)16 (15)0 (16)14 (17)61 (18)46
(19)9 (20)43 (21)27 (22)18 (23)18 (24)5

DAY 94
(1)139 (2)69 (3)128 (4)32 (5)115 (6)107
(7)91 (8)137 (9)146 (10)57 (11)85 (12)139
(13)25 (14)35 (15)51 (16)15 (17)60 (18)28
(19)41 (20)10 (21)68 (22)7 (23)10 (24)20

DAY 95
(1)70 (2)132 (3)115 (4)58 (5)61 (6)93
(7)95 (8)40 (9)131 (10)190 (11)77 (12)101
(13)24 (14)40 (15)24 (16)65 (17)19 (18)48
(19)21 (20)20 (21)68 (22)6 (23)9 (24)22

DAY 96
(1)47 (2)151 (3)131 (4)98 (5)89 (6)123
(7)144 (8)112 (9)100 (10)63 (11)72 (12)43
(13)28 (14)6 (15)50 (16)5 (17)32 (18)19
(19)50 (20)29 (21)32 (22)22 (23)65 (24)38

DAY 97
(1)103 (2)130 (3)155 (4)96 (5)61 (6)117
(7)145 (8)83 (9)72 (10)84 (11)78 (12)123
(13)4 (14)45 (15)62 (16)34 (17)56 (18)54
(19)59 (20)43 (21)27 (22)57 (23)23 (24)34

DAY 98
(1)85 (2)105 (3)59 (4)135 (5)82 (6)100
(7)183 (8)157 (9)119 (10)82 (11)141 (12)99
(13)28 (14)10 (15)37 (16)58 (17)21 (18)27
(19)58 (20)40 (21)53 (22)27 (23)82 (24)15

DAY 99
(1)147 (2)133 (3)171 (4)52 (5)138 (6)142
(7)94 (8)143 (9)138 (10)28 (11)139 (12)161
(13)48 (14)41 (15)5 (16)3 (17)4 (18)29
(19)53 (20)7 (21)8 (22)18 (23)32 (24)12

DAY 100
(1)165 (2)113 (3)119 (4)128 (5)65 (6)130
(7)80 (8)118 (9)82 (10)58 (11)103 (12)67
(13)65 (14)38 (15)44 (16)38 (17)21 (18)21
(19)45 (20)31 (21)60 (22)23 (23)48 (24)6

www.ingramcontent.com/pod-product-compliance
Lightning Source LLC
Chambersburg PA
CBHW052115020426
42335CB00021B/2778